0~3岁关键期

心智发展的8个黄金维度

易世萍 — 著

中国纺织出版社有限公司

图书在版编目（CIP）数据

0-3岁关键期：心智发展的8个黄金维度 / 易世萍著.--北京：中国纺织出版社有限公司，2023.6
ISBN 978-7-5180-1741-6

Ⅰ.①0⋯ Ⅱ.①易⋯ Ⅲ.①婴幼儿—早期教育 Ⅳ.①G61

中国国家版本馆CIP数据核字（2023）第041748号

责任编辑：李凤琴　　责任校对：高　涵　　责任印制：储志伟

中国纺织出版社有限公司出版发行
地址：北京市朝阳区百子湾东里A407号楼　邮政编码：100124
销售电话：010—67004422　传真：010—87155801
http://www.c-textilep.com
中国纺织出版社天猫旗舰店
官方微博 http://weibo.com/2119887771
鸿博睿特（天津）印刷科技有限公司印刷　各地新华书店经销
2023年6月第1版第1次印刷
开本：710×1000　1/16　印张：14
字数：192千字　定价：58.00元

凡购本书，如有缺页、倒页、脱页，由本社图书营销中心调换

序言一

懂孩子比爱孩子更重要

当我写完这本书的初稿时,我发了一条朋友圈"宣告天下",于是有朋友问我,"易老师,你写这本书准备了多长时间?"我仔细想了想,最快来说是"两个月"吧,可是从一点一滴的积累来看,我准备了18年,也可以说是准备了26年。今年是我从事教育工作的第26个年头。

为什么要写这本书?

首先是因为我的执念吧。我一直认为自己是被老天选中的,做教育就是我今生的使命,哪怕再难,哪怕再累,我也要做自己喜欢的事。我常常把"为教育事业奋斗终身"挂在嘴边,这不是一句口号,而是我内心深处的执念。

其次,我想是因为我特殊的教育经历吧。从一名高中语文老师,来到早教领域深耕,再到心理个案咨询,再到中小学生的学习能力提升,我经历了一个孩子从0~18岁完整的成长。在这个漫长的过程中,我看到许多稚气的小宝宝成长为翩翩少年,看上去他们的婴儿期并没有太大差别,可是经过十几年的成长,养育在不同的家庭,他们到了青春期逐渐呈现出不一样的生命状态。其实当初的婴儿期不是没有差异,而是父母们人为地忽视了"差异",因为他们有个共同的信念:孩子还小,什么都不懂,长大就好了。

这是一个极大的误区,我希望用我的绵薄之力,唤醒每一位在3岁前孩子的父母,一定要相信"三岁看大"的论断,一定要把孩子当"人"看,一定要从源头抓起。在生命的源头注入源源不断的"活水",孩子将来的生命才会更加"灵动鲜活""精神充盈"。

我希望成为3岁孩子的代言人,帮助父母们更好地读懂孩子的心灵。

我想是因为我的思维模式和教育理念，我深深地相信：

懂孩子比爱孩子更重要。

好学问，必须是活出来的、用出来的，而不是讲出来的。

每个生命都值得被看见、被尊重、被敬畏，父母必须要自我成长。

我是一切发生的源头，找寻自我，是人生唯一的方向！

每个父母都已经做到了自己能做的最好，同时如果有更好的方法，我们也愿意成为更好的父母。

写这本书的过程累并快乐着，也一直触动着我每一条"感慨"的神经，回想这18年陪着孩子走过的点点滴滴，以及我帮助过的每个家庭，成就感和遗憾感一直交替在我的脑海中。

此书一共呈现了110个生活教育案例，一部分案例是我26年教育工作中的观察和个案积累，还有一部分案例来自我18年育儿过程中的经验教训。这些案例栩栩如生，具体细致，落地实用，让父母们全方位地感受到0~3岁的养育，不是纸上谈兵，不能照本宣科，既要遵循规律，又要尊重孩子的个性。养育孩子，不是为了证明"知识"的正确，而是为了让亲子关系得到真正的建立和成长。

这本书适合所有的成年人阅读，无论是怀孕的准妈妈，还是已经出现育儿困惑的父母，或者是需要带养孩子的祖父母、保姆及托育园的老师。因为我们可以从这本书里看到教育的本质，找到问题的源头，明白科学育儿的方向。

阅读这本书的方法是，先看序言和第一章，后面的9个章节各自独立，可以随时根据需求来阅读，最后才看"后记"。

最后，我想说，写这本书最大的动力，依然来自孩子。

我的两个孩子，老大今年上大学一年级，老二上四年级。老大知道我正在写书，他说"妈妈，看到你在写书，我也在想，将来有什么东西可以留给我的孩子，我得要多学习一点东西了"。儿子的话让我觉得很欣慰。老二说，"妈妈，如果笑容很值钱的话，我每天都能赚很多很多钱，如果微笑可以当钱花的话，整个世界都是我的了"。女儿的话，让我觉得我为"家庭教育"所做的一切努力和付出都值了。

让我们感恩孩子吧，因为孩子的到来，让我们有机会成为更好的父母。

在此，我要感恩命运的安排，感恩先生的支持和陪伴，感恩儿女的"宽容大度"，感恩父母的养育之恩，感恩每个来到我身边的孩子和父母，以及我在求学路上遇到的每一位老师、同学及贵人！

教育孩子，不是一件容易的事情，希望这本书，给每位父母带来前行的动力和方向！

易世萍

2023年2月1日

于中山

序言二

我从未这样了解过生命

这是老天给的一次机会——

"生命早期1000天"被世界卫生组织定义为一个人生长发育的"机遇窗口期",不仅能影响婴儿时期的体格发育、脑发育和心理发育,也关系到孩子成人后的健康。

我想这里的"机遇",不单单是指一个生命在最初三年所处的重要时期,也是指老天给父母们一个后天养育"半成品婴儿"的机遇。

有人说,幼儿是早产三年的动物。

你看,他一出生,全身软绵绵的,被包裹得不能动弹;他想吃东西,不知道食物在哪里;他想抬一下头,动不了;他想笑,比哭还难;他不能表达,也不能听懂别人说的话;他不能向别人示好,不能满足别人的任何需要,他每天的吃喝拉撒睡都需要被照顾……

是的,他是那样的弱小和无助,他需要一对照顾他的父母,父母也需要通过照顾一个弱小的生命来完成自己的人生使命,这是老天给予彼此相互成就的机会。

这是一个千百年来的共同认知——

千百年来,世界各国的先哲和各界专家不断发现0~3岁的重要性。

意大利儿童教育家蒙台梭利指出:"幼儿出生后头三年的发展,在其程度和重要性上,超过儿童整个一生中的任何阶段,它将影响一个人的一生。"

精神分析学派创始人弗洛伊德说:我们每个人终其一生都在活0~6岁的感觉。

心理学大师荣格曾说：一个人，毕其一生的努力，就是在整合他自童年时代就已形成的人格。

中国古人先贤流传下来的谚语说：三岁看大，七岁看老。

这让我们明白了一个道理：0~3岁很重要，它的重要性不仅仅体现在身体发育和智力发展上，更是体现在心理健康和人格健全上。这一点，绝对离不开父母对孩子的重要影响。

这是技术发展后的新研究结果——

100年前，美国一位非常著名的心理学鼻祖威廉·詹姆斯曾经把婴儿期说成是一个"繁花似锦、匆忙而迷乱的时期"。也就是说，宝宝成长快速充满千变万化，时常给我们惊喜，又时常难以看懂。过去，因为理论和技术限制，世界各国的专家们并不十分了解人类的小婴儿，我们会认为他们无能、愚蠢和幼稚可笑。

因为人类的不懂得，父母错过了最重要的早期科学陪伴。

后来，随着科学技术的进步，各国专家对婴幼儿的研究和发现越来越多，父母们完全可以通过观看纪录片和各种书籍，提前了解生命的成长，这是多么好的学习机会啊！

建议父母们从十月怀胎开始，看看《子宫日记》《宝宝的第一年》《婴儿日记》《婴儿的成长》《婴儿的秘密生活》《北鼻异想世界》。

这是人类生命成长的必然选择——

我曾经在《读者》里看过这样一个故事，一只藏羚羊面对猎人枪口的时候，不仅没有逃走，反而一步步走近猎人。突然，它四肢下跪，双眼流泪，似乎在向猎人哀求着什么。枪声过后，猎人剖开它的肚子，才发现里面有一只小羚羊。可以说，这是母亲愿意为孩子付出一切的最好例证。无论是动物还是人类，都不缺乏为孩子甘愿付出一切的本能的爱。

可是人类父母仅仅有本能的爱是不够的，人类的婴儿不仅仅需要活下来，还需要满足精神上的追求、心理上的安全感和认知理解上的正确引导。

所以，人类的父母需要通过学习不断修正自己的精神、心理和认知，尤其是对"爱"的付出方式的理解。父母对孩子的爱，不能仅仅停留在"名义"上，而是应该深入与孩子的每一个连结中。这个连结就是我心中真正的"家庭教育"和"早期教育"。

这是父母修行路上的必然觉醒——

每一个孩子都有自己独特的生命轨迹，我们自己也曾经是孩子，我们原本跟孩子一样，都有自己的生命蓝图，可是慢慢地我们都无法成为真实的自己。

我们希望孩子跟我们不一样，可是我们自己却没有变得不一样，所以我们需要觉醒，需要意识到父母这条修行路是一面"现形镜"，照出我们"对爱的执着"，也照出我们"心灵的真相"。

孩子一出生就知道他想成为一个怎样的人，只是父母还蒙在鼓里，时而清醒，时而彷徨。这是因为一方面我们头脑中的知识武装不够，另一方面我们内在的心灵滋养不足。

在这条爱的修行路上，孩子给我们指引前行的方向，但方向在远方，路途有荆棘，需要父母放下担心和恐惧，用自己的成长来影响另一个生命的成长。

这本书从生命初期成长的8个维度，帮助父母们清晰地看到，做"科学育儿"父母的思维模式。看完这本书，会让您从里到外，从头到脚把自己武装一遍，至少少走六年弯路，否则就是错误三年再加后悔三年，得不偿失啊！

孩子的头三年，像黄金一样珍贵。

8个维度像钻石的8个切面，折射出不同层面的光芒！

终其一生，懂孩子，事半功倍，唯早教！

易世萍
2023年1月18日
于中山

目录

第 1 章　保护健全人格的源头，
他就是一个小小的"泉眼" / 001

1.1　影响宝宝心智力发展的3个理论 / 004
1.2　什么样的人带出什么样"心智"的娃 / 008
1.3　8个维度影响心智在生活中的建立 / 011
1.4　做好3岁前的教育规划，为未来的学习打好基础 / 012

第 2 章　感觉维度：
"感觉"是宝宝连接世界的最大秘密 / 017

2.1　先天不足，用后天的感觉训练来弥补 / 020
2.2　与其吓走宝宝的好奇心，不如陪他去冒险 / 025
2.3　感觉到孩子的感觉，孩子才能感觉到"爱" / 031

第 3 章　专注力维度：
3岁前的宝宝比成年人更专注 / 041

3.1　0~3岁的宝宝是专注力天才 / 046
3.2　五维专注力，3岁前就可以训练 / 054

3.3 专注力需被看见和鼓励 / 059

3.4 孩子的专注力是个性化的,成人需要放弃"自以为是" / 061

第4章 安全感维度:
让孩子一出生就成为有安全感的主人 / 065

4.1 让安全感赢在"未出生"的起跑线上 / 068

4.2 给孩子建立安全感的第一责任人 / 075

4.3 重视1岁前的每一次"分离",
就是在一点一点建立安全感 / 082

第5章 自我维度:
寻找"我是谁",是走向独立的开始 / 089

5.1 0~3岁宝宝的自我意识发展里程 / 091

5.2 宝宝触碰成人恐惧的自我意识表现 / 093

5.3 面对孩子"自我"的觉醒,成人能做什么呢 / 099

第6章 身体维度:
千万不要用"跳蚤精神"限制孩子的身体自由 / 109

6.1 6大运动能力为将来的学习打下基础 / 112

6.2 如何让孩子在运动中提升感统能力 / 121

第7章 情绪维度：
可怕的不是两岁，而是你不懂他的情绪 / 127

7.1 宝宝的情绪敏感而夸张，来得快去得也快 / 130

7.2 主要抚养人是孩子一生的情绪榜样 / 132

7.3 连接孩子"非言语情绪表达"的小技巧 / 136

7.4 培养宝宝"认知情绪"的小技巧 / 145

第8章 交往维度：
融入世界是婴幼儿交往的核心诉求 / 149

8.1 宝宝与世界的关系是一步一个阶梯建立起来的 / 153

8.2 重视交往时刻，让孩子成为"社交小达人" / 161

8.3 成年人是孩子学习人际交往的榜样 / 169

第9章 性意识维度：
抓住性意识发展敏感期，让孩子的自信心更上一层楼 / 173

9.1 珍惜口欲期跟孩子在一起的美好时光 / 174

9.2 懂得享受人生的大快乐——肛欲期来了 / 179

9.3 父母科学"性教育"，孩子心理更健康 / 185

第10章 母亲的觉醒程度，影响孩子生命的深度 / 193

10.1 认知自己要成为一个怎样的母亲 / 195

10.2 用心陪伴孩子生命的最初3年 / 199

10.3 母乳路上的心灵成长 / 200

10.4 成功养育孩子的方向——一切为了分离 / 203

后记 / 206

第1章

保护健全人格的源头，
他就是一个小小的"泉眼"

一个人的命运由心智发展的状态决定，源头极其重要。

我曾经在一部纪录片里看到我们国家的母亲河"黄河",她的发源地竟然就是一个不起眼的小泉眼,但是无数的小泉眼却汇成了中华母亲河,孕育了几千年的华夏文明。

在写这本书时,让我想起了她们之间的关联。对于母亲河,保护好源头,就是在保护历史和生命。一个人短暂而灿烂的一生亦是如此啊!生命长河中人格形成的最重要时期就是头三年,保护好了这三年,生命的宏大蓝图就会清晰而幸福地展开。

大家可能听说过关于"野孩"的故事,这不是危言耸听。心理学家格赛尔曾对野生儿的智力发展进行过研究,他发现,在人的一生中,出生以后的头几年是形成正常个性和心理机能最关键的时期,此时脑的正常发育,特别是周围环境的影响决定他今后的心理发展方向。此时,婴儿的大脑就像一台高级计算机,有着强大的兼容,植入狼的环境就变成狼孩,植入熊的环境就变成熊孩。而在人类的环境里,是否就一定能"成人"呢?人与人之间的最后结果还是千差万别的。

那抓住生命的头三年,我们到底要抓什么呢?我想最重要的是三点:身体、心理、智力。我把他们简称为"心智力"。身体自由是心理快乐的基础,心理快乐是智力创造的基础,这三者是密不可分的。那最终"心智力"会形成什么呢?形成一个人的"心智模式",也就是一个人对待外在人、事、物的看法,是我们通常所说的"三观"以及对待人生的各种信念。

这一切看上去好像很远,起码要到18岁以后才会基本形成,但是0~3岁却是心智模式形成的源头,是一个人生命观的底色。

下面这个案例是我12年前在早教中心看到的一个孩子。现在已上初中,性格依然内向,不爱说话,她妈妈说孩子现在最大的毛病是"太懒"。可是这种状态的源头早在1岁半时就已呈现出来。

1岁半的媛媛是个可爱的小姑娘,可就是不爱动,按道理来说,这么大的孩子,身体都是喜欢动个不停的。可是一出门,她就要大人抱,到了早教中心,别的孩子到处跑,她只要妈妈在绘本区给她讲故事。妈妈觉得可能是孩子的性格偏内向,多带她出去玩玩,也许就会改变。可是半年过去了,媛媛好像越来越不爱动,跟别人的互动也是偏被动的,给人一种忧郁的感觉,从她的眼睛里看不到活跃的光芒。

有一次,我在早教中心见到孩子,当时妈妈正在跟别的老师谈话,她自己坐着。我顺手给了她一包小饼干,她拿在手里看了很久,不知道是该吃呢,还是给妈妈。我看到她这么犹豫,就对她说:媛媛,可以吃的,这是饼干,你可以吃。她还是很迟疑,从左手换到右手,又从右手换到左手。我又问她:你是需要老师帮你打开吗?她点头。我帮她打开后,她一点点地放进嘴里,最后整块饼干塞满了她的嘴,从她的表情我看到这个味道似乎对她有强大的吸引力。

吃完一块后,我看到她的眼睛在放光,我又拿出一块问她:你还想吃吗?老师还有一块。她犹豫了片刻,接了过去,然后整块塞进嘴里,我能看到她的身体明显地放松了下来,表情也开始鲜活起来,吃完两块饼干,她就在早教中心到处走动起来,一种自信满满的样子。

我一下子明白了,媛媛妈妈可能在吃的方面,对孩子的限制太多,很多零食不让孩子吃,所以她的嘴被禁锢了,她的身体也被卡住了。当一个人的身体被束缚了,在身体上失去了尊严,她的心门就关上了,心理上也失去了自由,最终她在智力上也很难有创造性的表现,因为她已经懒得去表达自己的想法和智慧。

孩子经过三年的"教养",根本不用等到18岁,她已经开始形成这样一种"心智模式":妈妈是绝对的权威,我是反抗不了的,我不能为我的身体作主，我也不想去探索这个"无趣"的世界，我只能成为一个"无用的人"。

一旦孩子有这样的心智力，形成这样的心智模式，真的太可怕了。我相信，没有一个父母希望把自己的孩子培养成这样，所以，父母需要提前学习。

1.1 影响宝宝心智力发展的3个理论

亲爱的父母们，你们愿意培养有积极心智力的孩子吗？作为父母不一定要成为教育专家，但是需要了解基本的儿童发展规律。婴幼儿的心智发展，跟3个理论密切相关：儿童敏感期发展理论；感觉统合理论；安全依恋理论。

儿童敏感期发展理论

意大利教育专家蒙台梭利最伟大的贡献之一就是发现了"儿童敏感期"。她借鉴了荷兰生物学家德弗里斯对于生物在生长中会受环境刺激出现特定敏感期的理论，通过对幼儿自然行为的细致、耐心、系统的观察，发现儿童在每一个特定的时期都有一种特殊的感受力，这种感受力促使孩子对环境中的某些事物很敏感、很专注、很有耐心，而对其他事物置若罔闻。

在早期，蒙台梭利首先发现的是5个敏感期：秩序敏感期、口手敏感期、走的敏感期、社会规范敏感期、细小事物敏感期。后来经过一百多年的发展，世界各国的儿童教育专家发现了更多的敏感期，甚至有的专家认为多达30种以上，从0岁延伸到12岁。

"敏感期"到底指的是什么呢？是指在0~6岁的成长过程中，儿童受内在生命力的驱使，在某个时间段内，专心吸收环境中某一事物的特质，并不断重复实践。在这个阶段，儿童会对某一件特定的事情有着匪夷所思的执着，他们会不厌其烦地自发地重复去做这些事。顺利通过一个敏感期后，儿童的心智水平便上升到一个新的层面。

这个概念有几个关键词，如，生命力、专心、重复、执着、不厌其烦，我们从中可以看到，这是一个孩子多么宝贵的学习品质。假如一个孩子在学习中保持旺盛的内在生命力，做到专心专注、不断重复和充满兴趣地学习，他是一个多么爱学习的孩子啊！

敏感期不仅是幼儿学习的关键期，也影响其心灵和人格的发展，他们的身体正受到一种神圣命令的指挥，小小的心灵蕴含巨大的能量。因此，成人应尊重自然赋予儿童的行为与动力，并提供必要的帮助，以免错失一生仅有一次的特别机会。

蒙台梭利说：手是心智抓取的器官，敏感期是内在驱动力的神秘力量。

如果每位父母都懂得敏感期的成长规律，让每位孩子都顺利度过，那就是在为孩子上学后的学习状态和心智能力打下重要基础。

感觉统合理论

什么是感觉统合？可能父母们一看会觉得有点懵，感觉太专业了。其实也没有那么难，我举个例子，大家就能明白。

当小宝贝吃苹果时，他是怎样学习到"苹果"这个概念的呢？

宝宝，咱们吃苹果了。

你看，这是一个苹果，红红的、硬硬的。妈妈闻一闻，嗯，真香啊！妈妈咬一口，咔嚓，哇，好脆呀，嗯，尝一尝，甜甜的。

宝宝，你也试一试吧！看一看，摸一摸，闻一闻，听一听，尝一尝，哇，原来这就是苹果给我的感觉，这就叫"苹果"！

宝宝，这里有两种水果，一个是苹果，一个是球，你把苹果找出来给妈妈，宝宝通过五种感官去对应"苹果"，准确地找出了"苹果"，真是一个厉害的宝宝，因为他学会了"苹果"这个概念。

假如另一个妈妈只是每天教孩子认"苹果"两个字，而没让他用五种感官来感受，也就是说大脑接受的刺激太少，大脑处理信息的通路没有建立起来，那这个宝宝就会学得很慢，很久都不明白苹果和别的类似事物的差别。他的大脑就不容易建立起具体的概念，他的智力增长就会受到影响。

上面第一位妈妈用五种感官来让孩子学习"苹果"的过程，就是感觉统合的过程。

感觉统合是指大脑和身体相互协调的学习过程，是指机体在环境内有效利用自己的感官，以不同的感觉通路（视觉、听觉、味觉、嗅觉、触觉、前庭觉和本体觉等）从环境中获得信息输入大脑，大脑再对其信息进行加工处理（解释、比较、增强、抑制、联系、统一），并作出适应性反应的过程，简称"感统"。这是每个儿童成长过程中，大脑与身体不断协调统合，不断发育发展的必经之路。

"感觉统合失调"是怎么一回事呢？简单地说，就是儿童的大脑对身体各器官失去了控制和组合的能力，也就是说，这个信息的通路受阻了或者刺激不够。主要包括三方面的失调：触觉、前庭觉、本体感。根据中国台湾著名感统专家高丽芷老师的研究，我们来看看它们是如何影响孩子的身体和心智的。

触觉——触觉系统是感觉系统中重要的一部分，它是胚胎中第一个发展出来的感觉系统，也是身体中分布最广、信息最多、最复杂的感觉系统。触觉在出生那一刻得到最全面的刺激和发展，全身感觉细胞及感觉神经同时和大脑记忆区进行强而有力的互动，所以给孩子留下最强烈的身体记忆，影响着婴幼儿将来适应环境的能力，不至于心理反映太过迟钝，或太过敏感。

前庭觉——是大脑功能正常运作的门槛。前庭系统是中枢神经系统之一，其功能是侦测地心引力，即在人体做各种活动时调整头的方位，以维持身体的平衡。假如一个孩子动个不停，注意力不集中，有可能是前庭刺激吸收不足，长大后可能影响语言、阅读及书写方面的能力。如果孩子的学习能力不足，就会影响他学习的自信心和学习效果。

本体感——是自信心和创造力的根源。这是我们身体的整体协调力，我们人类的身体活动，大多时候是在不知不觉中进行的，不需要特别思考就能做做，如，吃饭时手拿勺子自然会喂进嘴里，而不是额头，但是孩子因为本体感不足，身体还不能很好地控制，所以才需要不断地练习。直到可以自如地运作身体，不需看着碗筷才能吃饭，不需照着镜子才会刷牙。孩子的手脚变得更灵活了，心情才会更放松，心理上才会有更多的自信。有了自信，孩子的想象力和创造力就能快速地发展起来。

所以，如果触觉、前庭觉、本体感都发展好了，孩子的大脑与身体变得更加协调，智力自然就提升了，心理上也会变得更加自信快乐。

安全依恋理论

很多人都听说过阿德勒说的这句话："幸运的人用童年治愈一生，不幸的人用一生治愈童年。"作为父母的我们有没有真正想过，当孩子在我们身边一天天地度过他的童年，他到底要建立怎样的心理堡垒，才能过好未来的一生。当孩子在我们身边一天天地长大，为什么我们要让孩子用将来的一生去疗愈他的童年，而不是在当下就让他度过一个不需要疗愈的童年。

马斯洛的需要层次理论发现，安全感是一个人最底层的心理需求。一个人一生的不幸，主要源自安全感的不足。

"安全依恋"的理论最早是英国著名儿童精神病学家约翰·鲍比（John Bowlby）提出来。他将婴儿的依恋按发展经历分为了四个阶段：安全型依恋、回避型非安全依恋、抗拒型非安全依恋、紊乱型非安全依恋。

后来，在鲍比的依恋理论基础上，著名的发展心理学家安斯沃斯（Mary Ainsworth）进行了进一步的实验验证，其中最著名的就是"陌生人情景实验"。

在这个实验里，安斯沃斯将孩子和妈妈们带到一个完全陌生的屋子里，屋里有充足的玩具。等孩子和妈妈互动一会后，妈妈离开，一位陌生人进来。这个实验观察完，妈妈离开后又回来。孩子是否可以自己玩耍还是需要不断地找妈妈，由此安斯沃斯将孩子的不同反应分为了三种依恋类型：安全型依恋、回避型不安全依恋、反抗型不安全依恋。

简单地说，这个实验反映的是，婴儿出生后对爱的探寻，如果他感受到这个人爱他，他也信任这个人，那么不管这个人在不在眼前，婴儿都会自己放心地去玩、去探索这个世界。

一般情况下，这个让他有安全感的人应该是母亲，如果因为各种原因，母亲不能担负起这个角色，婴儿就会寻找其他人，也就是我们所说的跟孩子常常在一起的主要抚养人。

对于这三种依恋类型，有大量的追踪研究表明，婴儿期就形成了安全依恋的孩子，当他们走到成年时，会有更高的自尊和情商能力，更容易走得积极而顺遂，对世界充满信任，人际关系也会更和谐。

几乎所有心理学家都认为：作为最早的社会性关系的依恋，为孩子将来的社会关系奠定了80%的基础。他们认为体验到安全型依恋和信任的孩子，将来能更自信地、成功地发展他的人际关系，而没有体验过令人满意的早期关系的孩子，3岁以后，在人际交往中，更容易存在问题。

所以，每位父母都要学习给孩子建立安全感，给予孩子足够心理营养的正确方法。但是也有些父母会问，如果我自己安全感不足，还能给孩子建立安全感吗？这真是一个好问题。是的，从某种角度来看，安全感不仅仅是教育出来的，成年人就是孩子安全感模仿的榜样，成年人的安全感决定了他自己的心智模式，而他如何看待身边的人、事、物，如何看待孩子以及如何看待孩子所做的事，也同样会对孩子的安全感产生巨大的影响。

总而言之，0~3岁的父母必须要学习这3个对儿童心智力产生巨大影响的学问，多了解生命成长的规律，再结合自家宝贝的个性特点，就能培养出一个心智力健康发展的孩子！

1.2 什么样的人带出什么样"心智"的娃

0~3岁能否培养出良好"心智力"宝宝，这跟天天与孩子在一起的主要抚养人有极大的关系。以前，孩子的主要抚养人一般是妈妈，可是当今社会，孩子的主要抚养人发生了很大的变化，父母们大多数都是要工作上班的，老人或亲戚、阿姨是带孩子的主力军。

既然要请人来照顾孩子，我们就要重视找什么样的人最合适，这个人是心理健康更重要，还是文化素养更重要？显而易见，对于0~3岁的小宝宝来说，抚养人的心理健康远比文化素养更重要。我认为可以参照两条标准：

第一条：抚养人是否有"母性"。听上去这是一个不太好理解的名词，其实也可以看作是一种感觉。这个抚养人是否让人觉得舒服、有耐心、爱孩子，她是否给人一种温暖和愿意靠近的感觉。

第二条：抚养人是否能管好情绪，不要乱扔情绪给孩子。情绪污染对0~3岁的孩子来说简直是灾难，孩子除了全盘吸收，毫无招架之力。

所以，选择什么样的人来帮忙带孩子，要特别谨慎。

有位妈妈跟我说，她的儿子两岁，到小区的小公园玩，总是拉着妈妈的手不肯松开，无论妈妈怎么鼓励，他就是不敢和小朋友们一起玩，也不敢去滑滑梯。由于担心儿子经常待在家玩不利于健康成长，她一直叫保姆多带儿子到小区的小公园玩，或与隔壁的其他小朋友一起玩耍。她说，我也明确告诉保姆要怎样做，可事实上却是，保姆带孩子出去玩时，总是限制儿子的行为，不准他玩小公园内的儿童设施，只让他坐着喝牛奶，看小朋友玩，并对孩子说，"你要乖乖听话"，阿姨才喜欢他。

天哪，这是一个怎样的"甩手阿姨"啊！

我们再来看看另外一个案例。

童童两岁半了，她因为语言发展迟缓，爸爸妈妈开始意识到这是个问题，才带孩子来早教中心的。

原来，童童的爸妈因为工作忙，童童1岁后就由奶奶带，奶奶只会说湖北的乡下话，相处中，童童不知道是听不懂奶奶说话，还是不愿意说，开口讲话的时间变得越来越少，其实童童1岁左右时本来会说挺多单字的。平时在家里，当孩子一个人玩觉得无聊时，奶奶就打开电视哄他，电视一看就是一两个小时，久而久之，童童在家中更不喜欢说话了。

爸爸妈妈看到别的同龄孩子都会说一些词语和句子了，可是童童的表达力越来越弱，也发现了一些问题，可是奶奶却安慰说："孩子说话迟，没什么大问题，贵人语迟嘛。"

结果童童快3岁了，即将上幼儿园，父母才着急起来，带孩子去医院看，经过量表评估及详细检查后，童童被确诊为"语言发育迟缓"，必须接受康复训练。

其实这也不是奶奶的错，奶奶肯定是爱孩子的，只是在她的能力范围内，她已经尽力了。关键还是父母有没有教育意识，哪怕工作再忙，也不能当"透明父母"。在很多家庭，老人家也是讲方言的，为什么别人家的孩子没有出现这么严重的问题，是因为父母做到了工作和带养孩子的平衡，尽量承担起父母的责任，让自己去影响和带动孩子，而不是一味依靠家中老人。

如果能自己多带带孩子，而且是用心去带孩子，提高陪伴的质量和效率，就会对孩子产生更加正向的影响。

下面这位妈妈是我们学习的榜样！

有一次，我看到一位年轻的妈妈带着3岁左右的孩子逛超市，孩子坐在购物车里，见到什么都好奇，见到什么都想去摸一摸。本来推购物车的人是妈妈，只有妈妈允许，孩子才可能靠近各种物品，只要妈妈不允许，孩子就不可能自由地去探索。所以，妈妈完全可以按自己的意图，快速购买物品快速离开。

可是我发现这位妈妈好像是专门带孩子来超市"探秘"的，她并不着急购物，而是让孩子一样一样地去看、去摸、去听。可是超市的东西那么多，哪些东西可以摸，哪些东西不可以碰，妈妈完全可以通过"操控"购物车，来"操控"孩子的行为。

当把孩子推到带包装的区域时，妈妈会跟孩子一起去看一看、摸一摸、轻轻敲一敲。

当把孩子推到水果蔬菜区域时，妈妈也会跟孩子一起看一看、摸一摸、闻一闻。

当把孩子推到冷冻区域时，妈妈也会让孩子玩玩冰块。

可是，当把孩子推到"卖米卖豆卖半成品熟食"的区域时，孩子很兴奋，但是妈妈会让购物车远离，并告诉孩子，这里不可以玩，但是我们可以装一点回家，买回家玩。

我看到这位妈妈带孩子探索的过程，很少说话，很少在教育，全程都是跟孩子一起互动，一起体验，非常有教育理念。于是，我好奇地上前跟妈妈搭讪，这位妈妈说，她每个月都会专门带孩子来超市探索，一方面可以刺激孩子的感官，另一方面让孩子感受在公共场合，哪些事情可以做，哪些事情不可以做，增加孩子的"规则意识"。

什么样的人带出什么样的娃，你相信了吗？

内心焦虑的人，带出胆小的娃；内心恐惧的人，带出不自信的娃；不断指责的人，带出不快乐的娃；思想大条随性的人，带出没有规则的娃。当然，反之亦然。

所以，我们想带出一个怎样的娃，就把自己变成一个怎样的人吧，我们谁也无法变出自己思想里没有的东西。

1.3　8个维度影响心智在生活中的建立

曾经有妈妈问我，0~3岁的孩子学什么？我说，3岁前的孩子应该学习"如何生活"。"学会生活"，这几个字看上去很大，好像是针对成年人而言。其实不然，对于初来地球的孩子来说，他就是在生活的开始之初就要学习掌握在地球上生存的基本技能，如，吃饭、喝水、睡觉、穿衣、上厕所、搞卫生、做饭……一切照顾自己的技能，他都需要学习。

心智力从哪里培养？就是从生活的点点滴滴中培养呀！孩子说的每一句

话、做的每一件事，都在体现他的决策力、思考力、判断力，他决策得越快，愉悦感越强，专注度越高，获得的赞美声越大，他的心智力就建立得越好！

一个孩子，你看他3岁时能否有规律地吃饭、睡觉、玩耍，你就能看到他将来能否安排好生活，做好时间管理。

一个孩子，你看他3岁时能否专注地玩弄锅碗瓢盆、玩沙玩水、使用工具，你就能看到他将来在学习和生活中有多专注。

一个孩子，你看他3岁时能否跟成人好好沟通，适度表达情绪，迅速调整焦虑状态，你就能看到他将来能否成为一个高情商的孩子。

陶行知说，生活即教育。是的，教育3岁前的孩子，真的很简单，我们只需要在生活的每时每刻用正确的方式陪伴他，给他积极正向的反馈，保护好孩子对生活的探索热情，他就会发展出良好的心智力。如果要说很难，最难的就是，我们成年人自己必须具备积极面对生活的心智力。

生活中，有哪8个维度会影响孩子心智力的发展呢？父母对早期教育的认识，决定了孩子生命的深度。

感觉维度："感觉"是宝宝连接世界的最大秘密。

专注力维度：3岁前的宝宝比成年人更专注。

安全感维度：让孩子一出生就成为安全感的主人。

自我维度：寻找"我是谁"，是走向独立的开始。

身体维度：千万不要用"跳蚤精神"限制孩子的身体自由。

情绪维度：可怕的不是两岁，而是你不懂他的情绪。

交往维度：融入世界是婴幼儿交往的核心诉求。

性意识维度：抓住性意识发展敏感期，让孩子的自信心更上一层楼。

1.4 做好3岁前的教育规划，为未来的学习打好基础

有人说，0岁是创造人的重要时期。坦白地说，在世界上有哪一项工作比

创造人的工作更伟大呢？可是，令人遗憾的是：还是有很多妈妈会纠结，不知道自己是外出工作好，还是在家养孩子好，甚至，有的妈妈会觉得在家养孩子是一种牺牲。

有的妈妈说，孩子一出生我就规划好了，从几个月开始学什么，几岁又开始学什么……我已经安排好了一切。

也有父母说，想这么多干嘛，有什么好规划的，不就是吃喝拉撒睡吗？要规划也等上幼儿园、上小学后再说吧。

孩子的成长是一条不可逆的单行道，更是一场养育的艺术，需要提前规划、智慧选择和个性化培养。《礼记·中庸》说："凡事豫则立，不豫则废。"意思是：做任何事情，事前有准备就可以成功，没有准备就会失败。

0~3岁孩子的教育，到底要做怎样的规划呢？

我想与其说是规划，不如说是发现孩子的成长密码吧！

蒙台梭利说，在精子跟卵子结合的瞬间，形成那个胚胎的时候，那个胚胎就蕴含着一个成长的计划了。而这个生命的密码，就是一个人一生的人生蓝图，是最适合这个人的人生安排，所以，我们不能按我们的意愿去规划孩子。

对孩子做教育规划，不如说是对父母自己做教育规划。

1. 规划什么

在中国，几乎每一个父母在孩子一生下来，甚至还没有生下来的时候，就对孩子未来的教育充满了想象，就开始规划将来要让孩子学什么，考什么。可是，当我们做过一轮父母之后，就会发现百分之八十的规划都是失败的，计划总赶不上变化。每个孩子的性格、优势、能力都不一样，孩子不是泥人，我们想怎样捏他就怎样长，孩子是一个活生生的人，我们规划不了孩子，我们只能规划我们自己。

也许你可能会想，怎么不能规划呢？帮孩子选什么样的早教课、托育园、幼儿园，择校、择班。考一所好的大学，找一份好的工作。这算不算规划呢？严格来说，这真不能算是规划。因为这样的规划不是基于孩子成长的自然法则，而是基于我们成人自己的期待和对现实的不满意。

所以，对于在孩子0~3岁这个阶段，我们到底要规划什么呢？我认为可以规划一下，父母需要学习哪几本书，父母需要上哪几门课，父母要怎样一步一步地培养孩子的敏感期，怎样一点一点地训练孩子的感觉统合，怎样把孩子培养成一个心智健全的孩子。

2. 为什么要规划

也许大多数家长从来没有考虑过这个问题，但在心中都有一定的目标。所以，规划是为了最终能达成自己想要的那个培养目标。我经常会问父母，你想把孩子培养成一个怎样的人，很多家长会说，只要孩子幸福、快乐、自信就好。可是如何才能达成这个目标？大家是不清晰、不具体的。

从短期培养目标来看，好像要求并不高，只要孩子3岁时，能高高兴兴上幼儿园，能快速适应幼儿园的生活就可以了，而大部分孩子好像都可以做到。

如果仅仅是这样，我们的目标太过短浅。如果将来我们想把孩子培养成一个有安全感、有创造力、有领导力和高情商的人，就必须从0岁开始。因为按照三岁看大的说法，按照英国社会学家在1000名幼儿身上做的调研，就已经证明了0~3岁的重要性。

所以，为什么要规划呢？因为无论是短期培养目标还是长期培养目标，孩子成长的每一步都跟未来有千丝万缕的联系。0~3岁这个阶段，给孩子建立起关系的基础、情绪的基础、沟通的基础、安全感的基础、独立人格的基础、自我意识的基础，孩子未来的人生路，就不会走差、走偏、走迷路。

3. 怎样规划呢

按照这本书所讲的8个维度，踏踏实实地做到位，就可以把自己修炼成一个心智成熟、有健全人格的父母，一个有格局、有思想、有远见的父母。如果我们真的能把自己修炼成这样的父母，那离培养一个自己心目中"优秀成功"的孩子，还远吗？

如果我们既能够了解孩子大脑基因中的先天遗传密码，又能从后天教养给予孩子足够的心理营养和成长支持，那离培养一个自己心目中"优秀成功"的孩子还远吗？

最后，我想提醒父母们做几个思考：

（1）孩子出生后，你想做一个怎样的父母？

（2）当孩子0~3岁，你想培养一个怎样的孩子？

（3）当孩子18岁时，你期待中的孩子是怎样的？

（4）你真的懂你的孩子跟别人不一样吗？

（5）你想要的和你正在做的是一致的吗？

好啦，让我们一起来练"九阳神功"吧！好好修炼，培养出一个优秀可爱、身心健康的孩子！

第2章

感觉维度：

"感觉"是宝宝连接世界的

最大秘密

只要宝宝睁开眼睛，
大脑就在不断重塑。

小婴儿的感觉是什么时候开始具有的？其实他在妈妈肚子里就已经有感觉了。随着出生那一刻的降临，他的全身皮肤经过产道的挤压，全身的触觉系统被瞬间启动，从此，他的所有感觉器官：耳朵、嘴巴、眼睛、鼻子被逐一唤醒。所以，人类学习能力的根便是身体，听、嗅、视、触、味，五种感觉就是身体向外探索的大门，婴幼儿的大脑功能分化以及神经系统都是在这些感觉的学习当中慢慢发展起来的。

从心理学的角度来解释，感觉是其他一切心理现象的基础，没有感觉就没有其他一切心理现象。感觉诞生了，其他心理现象就在感觉的基础上发展、壮大和成熟起来，因此感觉是其他一切心理现象的源头和"胚芽"。

世界著名儿童教育家蒙台梭利博士认为：感官是心灵的窗户，是精神的入口，感官对智力发展具有头等重要性，感觉训练与智力培养密切相关。

华德福的创始人斯坦纳认为，孩子是通过12种感觉来认识这个世界的，它们是：触觉、生命觉、运动觉、平衡觉、嗅觉、味觉、视觉、温暖觉、听觉、语言觉、思想觉、自我觉。

其中0~7岁主要发展的是触觉、生命觉、温暖觉、运动觉、平衡觉。其中，触觉排在第一位，是人体中分布最广泛、最复杂的一种感觉系统，它不仅在出生前就已经开始发育，出生后，孩子更是第一时间通过触觉来认识世界和环境。因此，剖腹产出生的婴儿，一定要极早进行触觉刺激和训练，否则他们与母亲的连接是有缺陷的，与自己的连接也是极浅层的。

再从大脑科学的角度来看看，脑科学早已证明，大脑约90%的神经连接是在生命最初几年形成的，这些神经连接形成的通路，决定了一个儿童如何思考和学习。那神经网络的通路是如何形成的呢？就是因为有五种感官，所有的刺激和信息通过五种感官去接收并输送到大脑，在大脑中形成神经丰富的网络。

总之，0~3岁的婴幼儿通过感觉来学习，感觉是孩子连接这个世界的最大秘密。

因为这是唯一的学习通道，所以每天他们只要一睁开眼睛，就开始接收外界的信息，进行各种学习。然而，很多父母和老师会认为胎儿和新生儿不具备接受教育的能力，甚至认为3岁以前，没必要教育孩子。其实，那是因为我们没有真正了解3岁以前的教育内容是渗透在养育中的，我们也没有真正了解3岁前的孩子是依靠"感觉"来学习的。不开启孩子的感觉系统，就会错过3岁前的最佳教养时机。

在宝宝出生后的3年里，我们要如何保护或刺激孩子的感觉系统呢？这需要家人对孩子在这个阶段的心智发展特点充分了解。

0~3岁孩子的感觉以难以置信的开放度向周围的一切敞开，无论是声、光、运动、温度、变化，还是周围人们的情绪波动、环境氛围、沟通方式，这些都会直接影响到孩子。面对这个新鲜的世界，孩子们充满了好奇和渴望，他们以极大的热忱完全地敞开接受外在的一切，这就是蒙台梭利博士所说的"吸收性心智"。但是，如果当孩子面临一个让他觉得很痛苦、不自由，总是受伤的外在世界，他们也会发展出自我保护的屏障，以避免更大的冲击和伤害。这时，他们的感觉就会封闭起来，不再与外在环境连接，他们的情绪、沟通、学习能力及性格也会受到极大影响。

通俗易懂地说，感觉学习也可以说是一种想去尝试的内心状态，是自信心的源动力，也可以理解成兴趣。孩子对某个事物有兴趣，特别有感觉，就想去尝试，不停地做，获得肯定，然后就产生了自信。

感觉的发展既跟心理有关，也跟智力有关，只要孩子能感觉到，在心理上就能产生真实感、自信感，只要孩子能感觉到，他的大脑神经元就在不断连接，形成巨大的网络。所以，只要宝宝一睁开眼睛，他的感觉系统就打开了，他的大脑就在不断被塑造。

这个秘密您知道了吗？那就赶快行动吧，与孩子的感觉在一起，用支持孩子的感觉，去发展他的心理和智力。

2.1 先天不足，用后天的感觉训练来弥补

小婴儿出生时先天不足的情况有很多，我们不在这里一一讨论，在这一章节里，我们主要讨论的是跟感觉系统有关的先天不足——剖腹产。

中国的剖腹产率实在是太高了，世界卫生组织积极倡导自然分娩，而我国剖腹产率一直居高不下，接近50%，为世界第一，已远远超过世界卫生组织对剖宫产率设置的警戒线15%。

为什么在中国有这么高的剖腹产率，我觉得还是跟妈妈的认知有关系，妈妈们并没有真正意识到剖腹产给孩子带来的伤害，反而认为都差不多，自己也少受罪。其实差别还是挺大的，最主要的差别不是在智力上，而是在心理层面。

每一个生命的出生和成长都是大自然的恩典，都是设计好的一种规律和程序，凡是违背自然规律的，必然会受到惩罚，面对生命，我们一定要有敬畏之心。剖腹产的方式就好像剪开即将破茧而出的蝴蝶，如果蝴蝶是靠自己破茧而出，它会蜕变成一只美丽的蝴蝶，顺利进入生命的下一个旅程，但如果是人为剪破的，它就会死掉。人类的生命虽然没有蝴蝶那么脆弱，但之后的人生旅程也是要付出代价的。

剖腹产剥夺了孩子最原始的几个学习行为：

（1）剥夺了呼吸的学习：出生后容易产生呼吸类和肺部疾病。

（2）剥夺了触觉的学习：容易出现感觉统合失调。

（3）受到极大的惊吓：夜里睡觉不安稳，易恐惧，安全感差。

（4）免疫力和抗感染力弱：成年后更容易患上传染性疾病、糖尿病和心血管病，并且容易肥胖。

所以，剖腹产的孩子在出生后，应该尽早开始感觉训练。妈妈们，剖腹产和顺产孩子的起跑线是不一样的。剖腹产的孩子，需要刻意设计和安排感觉训练，才能让孩子重新回到起跑线上。

1. 0~1岁的刻意感觉训练

每个宝宝一出生就是用感觉来探索这个世界的，如果遵循自然的生命成

长规律，并不需要做什么刻意训练，因为这是本能。

顺产的宝宝和轻度感统失调的宝宝，只要我们尊重孩子的敏感期，尽量让孩子自由去探索，都不需要每天刻意做训练。

可是现在的剖腹产出生率那么高，还有胎位不正的孩子，那是一定要在出生后就进行刻意训练的，特别是头3个月，越早开始训练，每天坚持并达到一定的数量，效果越好。

0~1岁，要进行三大功能训练：

（1）刺激宝宝的前庭觉，进行大脑平衡功能的训练，如，轻轻摇晃、爬行。

（2）刺激宝宝身体反应的本体觉训练，如，吃饭、使用工具……

（3）刺激宝宝的触觉，进行全身的感觉统合训练，如，肌肤相贴的拥抱、玩水、玩沙、抚触、被动操、游泳……

其实这些训练在家里都能做，关键是要坚持下来，对妈妈是一个极大的挑战。如果妈妈太忙不能做到的话，由其他家人补上也是可以的，关键是全家人要意识到感统训练的重要性。目前，这种观念对于大多数中国家庭来说，还是比较欠缺和有挑战性的。

给大家分享一个执着于感统训练的妈妈带养二胎宝宝的故事。

我有两个孩子，他们相差10岁，两个孩子都是剖腹产，老二还有胎位不正。

十几年前生老大时，我是真的不懂，心里有很大的恐惧。经常听同事们讲她的孩子是剖腹产，现在挺好的，没有任何问题。又有另一个同事告诉我，她顺产生孩子时的恐怖经历，孩子差点因缺氧大脑坏死。这一切都加深了我对生孩子的恐惧。于是我给老大挑了个"良辰吉日"拿了出来，我还拼命说服我自己，因为预产期在国庆节，医院缺医生呢！

因为无知，所以付出代价。后来我从事了早教工作，才知道感觉统合是什么，为什么要进行感统训练，而当我刻意在家里给儿子进行感统训练时，他已经快上小学了。后来，他在学校里的遭遇，真的是一言难尽！

他特别爱动，在学校上课常常因坐不住被老师投诉，四年级时老师直接给我下"诊断书"，认为他是一个"多动症儿童"。我不同意老师的看法，可是又很无奈。他从小的表现就是，触觉特别敏感，别人碰了他，他就认为别人要打他。情绪爆发是家常便饭，而且情绪的爆点和持续度都很夸张。

有了这个经验教训后，在怀二胎时，我就开始做功课，希望让孩子赢在"胎教的起跑线上"。

但是人算不如天算，二胎小宝在7个月时，医生告诉我，宝宝在肚子里是"臀位"，屁股朝下，而正常的胎位是头朝下。所以小宝宝是坐在我的肚子里的，怪不得那时候，我的孕肚又尖又大，很多人都说是男孩。有一个朋友也开玩笑说，你不会怀了个"哪吒"吧！没想到"一语成谶"，妹妹长大后，看过关于哪吒的电影，非说自己是哪吒！

说实话，医生说宝宝胎位不正，我真的有一种"当头一棒"的感觉。这相当于说，宝宝一出生跟别的孩子相比，就已经输在了起跑线上。

为什么胎位不正，医生说具体原因不清楚。我就开始查阅相关资料，重点不是找原因，而是要知道原理及如何做康复训练。我了解到按照正常的规律来说，因为地球引力作用，我们人类是头重脚轻，头自然应该朝下，胎儿在母体中的10个月已经在进行感觉统合练习，让头与身体达成平衡与协调，尤其7个月后就应该为出生做准备，头就朝下了。

好吧，无论如何也是要面对现实的，我的二胎宝宝一出生就先天不足，剖腹产+胎位不正。

去接小宝出院的那一天，我和老公拿了一个手提摇篮，后来这个摇篮就成了小宝的第一个玩具，或者说是感统训练工具。每天，我和妈妈会提着摇篮的两条绳子，左右摇晃。为什么要这样做呢？因为摇晃、转圈、忽高忽低的动作，会刺激宝宝的前庭觉，让她尽快由发展迟缓赶上来。

我查阅的资料上面说，美国马里兰大学的尼尔博士，曾做过一项试验，一组保温箱内的早产儿，每天放在摇篮内摇晃半小时，并由他们的母亲和经过训练的志愿者抚摸其皮肤，按摩其身体，每天反复做3次。1个月后，这些早产儿不论在肌肉张力、头颈运动、视听反应、心智发展及体重增加等方面，均较另一组单纯在保温箱成长的早产儿更好。

所以掌握先机，及早帮助孩子，孩子就能尽快赶上健康儿童。我信心满满地实施着我的康复计划。根据孩子的基本生活规律，我专门做了一个作息时间和训练表（表1-1）。

表1-1　作息和训练表

时间	事项	时间	事项
7:00起床	喂奶、换尿片	7:20	听冥想音乐半小时
8:00	下楼散步半小时	8:30	喂奶（休息15分钟）
9:00	用摇篮做摇晃运动、躺吊篮做旋转运动（放轻音乐）（随着孩子生长，适当延长时间）		
9:00	睡觉	10:30	喂奶（听有海豚音的音乐）
11:00	前庭觉训练：做身体被动操、做按摩抚触、练抬头、支撑、翻身、倒立		
12:30	喂奶、睡觉	3:30	喂奶（休息15分钟）
4:00	做触觉刺激训练		
4:30	下楼散步	5:00	大龙球游戏（刺球、圆球各一）、大毛巾游戏 5~10分钟
6:00	洗澡、擦婴儿露	7:00	喂奶、睡觉

我们看到很多婴儿，如果在母体里发展得好，满月时抱出来，他的头就已经立起来了。我家大宝就是这样，感觉他的头和脊椎特别硬朗。但是小宝因为胎位不正，大概花了五六个月的时间才赶上来，这还是因为我每天在家按计划进行训练的结果。

但是我并没有太着急，因为我知道孩子虽然发展迟缓了，但是只要我坚持用心给孩子做各种刺激，孩子到了一定的阶段，一定会赶上来的。就这样，大概到小宝1岁的时候，我发现小宝的身体能力已经跟同龄孩子差不多了，而且有的地方还会超前，这就是及早训练和没有训练的差别。

这可以说是一位超级用心的妈妈了，与其说她是在刻意训练孩子，还不如说她是在用心陪伴孩子。当然如果能用上一些专业的工具和方法，这样的陪伴就更加高效了。

2. 1~3岁的刻意感觉训练

1~3岁的刻意感觉训练，是从0~1岁延伸下来的，只是训练内容随着宝宝身体不断强壮，增加了更多的运动和不同东西的刺激。

1~3岁，要进行三大功能训练：

（1）刺激宝宝的前庭觉，进行大脑平衡功能的训练，如：能爬继续爬、走平衡木、荡秋千、旋转木马。

（2）刺激宝宝身体反应的本体觉训练，如：翻跟头、拍球、跳绳（4岁以后）。

（3）刺激宝宝的触觉，进行全身的感觉统合训练，如：玩泥土、光脚走路、玩羊角球、搓澡、用毛巾、毛刷、电吹风经常刺激孩子的整个身体。

还是继续上面这位妈妈的育儿分享。

小宝因为从一出生就开始每天定时定点地"上课"，所以她也习惯了，每天都会期待着跟妈妈一起玩游戏。

每天上午下午，我都要带小宝到楼下的小花园玩。但是，这个玩是对于孩子，对于我来说可一点不轻松。我不是忙着教孩子知识，而是忙着帮助孩子跟大自然做连结，如：摸摸树干、树叶，闻闻花的味道、草的味道，听听鸟的声音、水流的声音……为了让小宝体验到速度的变化，我还会把她放到推车里，快速、慢速地交替着进行推车……各种场地练爬行……做一个用心的妈妈，真是太不容易！

可是回过头来，我还是非常感谢这段全职妈妈的经历，我们在孩子身上付出多少，就会收获多少。当初我的孩子每个月回儿保所做检查，都被医生说是"发展迟缓"，可是1岁以后，医生再没有给出这样的"评价"。作为妈妈，我还是感到很骄傲和欣慰的。

所以，孩子先天不足并不可怕，可怕的是父母的无知和关键时机的错过。也有的孩子出生时挺好的，可是出生后反而被成年人限制了身体，没能很好地发展出感统能力。

训练时，我们也不要片面地理解"刻意训练"，每天给孩子按部就班地做训练游戏，既可以说是"刻意"的，也可以说是"自然"的，只要我们开心地跟孩子玩在一起，训练效果肯定是有的，但是如果我们只是为了完成训练任务，那还不如不训练。

2.2 与其吓走宝宝的好奇心，不如陪他去冒险

这个世界对宝宝来说，没有安全和危险之别，只要是他们觉得感兴趣的都想去尝试。而当孩子在安全范围内探索时，我们会给予支持和鼓励，但是当孩子在危险中探索时，我们会阻止，因为害怕孩子受伤。但其实孩子根本无法自己判断是否会受伤，这个界限的判断只能是成年人。

当成年人说"不，不可以，危险，放下，回来"的时候，孩子往往是蒙圈而被动的，他们并不知道为什么要这样做，他们受感觉的驱使，根本停不下探索的欲望。面对危险，需要成年人的帮助和引导，但又不能放大提醒和威胁。

当小宝宝在1岁以内时，探索的世界是有限的，他们更多的是探索自己的身体，所以相对比较安全。但是随着年龄的增长，来到2~3岁，他们探索的世界越来越大，开始了解水、火、电、煤气、攀高等危险因素的存在。那就很考验我们

的"智慧"了。绝对禁止，不行，过分保护，也不行，我们该怎样做呢？我们最需要做的是，陪着孩子一起去感知危险，认识危险，并保护好自己。

1. 让人受不了的口腔敏感期

做过妈妈的都知道，孩子从半岁左右开始喜欢吃手、吃脚，拿到什么吃什么，直到两岁左右。孩子们喜欢把手放进嘴里，家长们对孩子吃手的行为充满了担心，总会不停地说"不可以，不能这样"，或是直接把孩子的手打掉。

这都是因为孩子进入了口腔敏感期了。

多脏啊，小手到处乱摸，病从口入啊，对牙齿的发育不好，养成不讲卫生的坏习惯怎么办？总之，为了宝宝的身体健康，成年人总是充满了担心，总想保护好孩子不要生病。可是，我们这样做是真的在"爱"孩子吗？我们真的有看到孩子精神上的痛苦吗？特别是当一个长辈在身边不停地说，吃手对孩子不好，你作为母亲一定要制止孩子的时候，我们有对自己天然的母爱产生过怀疑吗？我们能无视长辈的指责吗？

这一切都在考验我们做母亲的素养和心理素质。

这样的案例很多，在我们的生活中常会看到这样的场景。

有一次，我在公交车上就目睹过这样一幕：一个50多岁的老人和一位年轻的妈妈，带着1岁多的小男孩，坐在跟我同一排的公交车座位上。孩子坐了一会儿后，就把手放进了嘴里，老人看到后，急忙去把孩子的手拿出来，孩子停了一下，可能还是觉得无聊，过了一会儿，又把手放进了嘴里。老人边说"脏"，边把孩子的手又拿了出来。

年轻的妈妈没有任何反应，老人可能觉得母亲不作为，就嘀咕了一句：你没看到孩子在吃手吗？妈妈听见后看了孩子一眼，犹豫了一下，还是把孩子的手拿了出来。可是孩子并没有"吸取教训，不再重犯"的意思，过了一会儿，又把手放进了嘴里。

经过了两三个回合后，老人有点不耐烦了，当孩子再把手放进嘴里时，老人直接把孩子的小手打了几下，刚开始孩子还是倔强地坚持着，可是老人也非常坚持，直到最后孩子坚持不下去了，哇哇地大哭起来，老人这才满意地，又充满指责地看着孩子。不管孩子怎么哭，老人都没有心疼的样子，她好像感受不到孩子的痛苦，只是希望孩子要讲卫生。

当然，讲卫生绝对是"对"的，如果我们在出门前准备一瓶水和纸巾，当孩子有需要时，随时帮助孩子做好手部清洁，这也是非常简单的事情。关键还是在于我们如何看待孩子"吃手"的行为。如果我们认为，口腔和手是孩子探索这个世界的唯一途径，我们就会带着一份尊重和敬畏。如果我们认为，孩子对口腔和手的探索是一种不良行为习惯，我们就会带着评判和厌恶。

所以，是否懂得孩子的敏感期成长规律，决定了我们的教养方式。

那么，探索口腔有什么好处呢？

（1）缓解焦虑，孩子把手放进嘴里，觉得有舒适感和安全感。

（2）"把什么东西都放进嘴里"帮助孩子健全口的功能，全面了解这个世界。

（3）"把什么东西都放进嘴里"是孩子感知世界的开始。口是孩子将自己与世界连接起来的最自然的通道。孩子的味觉、触觉都被调动起来，进而构建自己的大脑与心理世界。

怎样支持孩子的口腔敏感期？

（1）首先是增加父母对孩子成长规律的认知，放下恐惧和担心，允许孩子自由地去"吃手"，让孩子尽情享受吮吸的快乐，彻底满足口的敏感期的发展需要。

（2）提供可入口的各种物品。你可以用一个托盘，放入一些不同质地不同形状的物品，供孩子自由选择。过一段时间则更换其中一些物品使孩子有新鲜感，但不要给他们太多的物品，三个左右即可。

（3）给孩子品尝各种口味的食物，如：葡萄汁、柠檬汁、微辣的（消极体验，也需鼓励孩子继续探索）、苦的……

（4）在孩子口腔敏感期爆发时，父母需要尽量创设环境和条件：

如，在孩子"吃手"之前，最好为他穿上便于将手臂举起来的衣服，帮他把手清洗干净，及时给他修剪指甲。

如，为孩子准备一个相对卫生、安全的空间。如果要外出，尽量准备矿泉水或湿巾，给孩子擦手后，再让孩子吃。

（5）最开始，父母可以有意识地给他选择一些有吸引力且便于抓握的玩具，用这些玩具触碰孩子的手，让孩子感受不同玩具的不同质地。后期，我们要将孩子的玩具清洗干净，并引导他"吃"一些已经洗干净的东西。

（6）注意安全，我们要将孩子周围的刀子、剪子等尖锐的物品以及药片、清洁剂等不适合放进嘴里的东西拿走，放在他够不到的地方，减少不必要的损伤。

（7）孩子可能会将各种不合适的东西拿起来放进嘴里，为了避免这种情况发生，我们也可以适当转移孩子的注意力。

（8）当孩子在口腔敏感期出现"咬人"的行为时，我们需要分析孩子"咬人"的原因，如，是不是因为感到嘴里不舒服，或者是由于出牙所带来的难受感才"咬人"；是不是误以为"咬人"是个好玩的游戏，反而咬得更加厉害。总之，我们不要过于慌乱，要针对其不同的咬人目的来给予引导。

（9）将孩子用嘴啃的物品尽量洗干净，但不必消毒过严。孩子体内的抵抗力需要增加，没有经过使用的抵抗力不叫作健康，不会有力量，所以一般的洗涤就可以。

总之，在口腔敏感期，孩子"吃手"的频率会更高一些，如果我们调整好认知和心态，孩子很快就会因为满足而放弃。如果这种行为一直延续到四五岁，那是因为孩子还没有找到缓解焦虑情绪的更好方式，或者一直被成年人负面强化。一旦孩子从敏感期的简单满足，转变为心理上的情绪依赖，那就要引起父母的重视了。

2. 不必害怕危险的"极限运动"

随着宝宝年龄不断增长，他们探索世界的范围越来越大，危险系数也越来越高。可是无论成年人怎样劝阻，都不会影响宝贝的求知欲和对世界探索的渴望。我们唯一能做的就是，创造条件，利用环境，帮助孩子挑战体验！

关于从高处跳下来，很多3岁左右的孩子都喜欢，特别是男孩子，他们对高度和极限的渴望，超出成年人的想象。

我们来看看3岁的小男孩林林，如果不了解孩子的运动特点，他可能会被家长贴上"调皮捣蛋"的标签。

林林是一个精力超级旺盛的小家伙，经常在家里跳沙发、爬门框、跳楼梯。妈妈基本上都会满足他的探索欲望，但是外婆却对他充满了担心，每次他从楼梯上跳下来时，外婆都会尖声喊到："不要跳了，太高了，脑子还没有长健全，会把脑子跳坏的。"

从1岁多开始爬楼梯，到现在他要从三级楼梯上跳下来，妈妈是比较了解他的，但是出于对孩子的保护，妈妈总想去牵他的手，林林很不乐意。后来妈妈发现好像也没出现过什么大的危险，就越来越放手了，每当林林飞身而下后，都会引起爸爸妈妈的赞叹和尖叫。

再后来，林林还要求从桌子上、洗手台上往下跳，似乎他已经不觉得这是一种挑战，好像这就是在玩耍一样，到处能跳的地方，都想跳一跳。

其实这也是孩子对空间感的探索，有的父母会觉得这样的孩子太调皮了，会不会是"多动"啊！亲爱的父母们，放下对孩子的担心和评判吧，才几岁的孩子，多动一点也是无妨的，只要我们注意好安全评估和防护就行了。

对于某些男孩子来说，3岁就开始喜欢各种挑战身体的"极限"运动了，只是父母们还不能太相信孩子。如果有条件的话，让宝宝在3岁左右，玩玩"极限"运动，如滑板、溜冰、攀岩的初级版，这对孩子身体和心理上的自信是有好处的。

3. 别怕探索"危险"，爸妈陪你一起体验

在日本东京，有一个"危险"公园，他们不走寻常路，公开声称自己

"没有安全保障",孩子在这里磕破头摔伤腿也不是什么稀奇事儿。这公园叫"羽根木游戏公园"。

孩子们可以在里面挖坑、锯木头、敲钉子、点火、打水仗、爬树、上房顶、在泥地里打滚……很多两三岁的孩子也在里面玩。公园的志愿者和父母会告诉孩子们如何使用工具,如何避免受伤。

当然,不是每个父母都会带孩子来这里,这取决于父母的教育理念,大胆的父母会让孩子一定程度地面对风险和危险,他们认为这是孩子成长的必经之路。

在孩子自我意识高度爆发的2~3岁,会有各种"危险"出现在孩子身边。我们可以怎样做呢?我想,有些危险我们可以提前规避,那就做好环境上的保护,如:尖尖的桌角可以戴上防撞护角,低矮处的电源插头可以加个插头安全罩,给抽屉加个安全抽屉锁……但是我要提醒的是,这些安全防护并不是一直用下去,应该随着孩子年龄的增长,我们判断他已经有了自我保护的能力,就应该及时撤掉。

还有些"危险",我们也是可以选择的,我们是简单粗暴地说"不",还是陪着孩子一起去体验呢?这取决于父母的时间和耐心。比如,当孩子触碰到了饮水机的热水,我们是否可以带着孩子去观察一下,热水有烟冒出来,用手去感受一下,很烫,有危险。当孩子想玩剪刀或小刀,我们又应该怎样做呢?凡是你认为不能给孩子触碰的东西,就不要出现在孩子面前,这样就不会有伤害,但是如果出现了,你又不让孩子碰,孩子就会产生疑惑,觉得自己不对,不应该这样做,从而打击孩子的自信。

两岁多的宝宝会"真刀真枪"地切菜,你信吗?

小颖两岁半了,有一天中午,妈妈在厨房做饭的时候,她来到妈妈面前,吵闹着想跟妈妈一起切菜。妈妈也很疑惑,这么小的孩子会切菜吗?但是她也想观察一下小颖的动手能力。于是妈妈端来一张椅子,让小颖站上去,妈妈说换个小的刀吧,孩子不愿意,好吧,那就用这把大菜刀吧,没想到,小颖居然能把刀拿起来。

今天中午，妈妈要做的是煮河粉青菜汤，小颖很兴奋，把青菜切了个遍，不过瘾，还想切，看到旁边有一条条的河粉，于是把粉也全部切了。妈妈一直在旁边看着小颖拿刀是否安全，当孩子把所有食材都切了个遍，妈妈是哭笑不得，也看得心惊胆战，但同时又为孩子感到骄傲。毕竟她才两岁多啊！

妈妈发现，小颖挺会保护自己的，一只手拿刀，另一只手拿菜，两只手都是离刀远远的。妈妈不断地鼓励小颖，你真棒，你才两岁就会切菜了，而且你很会保护自己，把刀拿得很稳！听到这样的表扬，小颖的自信心大增。

从此以后，小颖经常跟妈妈一起切菜，到了4岁左右，她已经能够把豆角切得很均匀，还可以切土豆片了。

在所谓的"危险"面前，其实并没有真正的危险。只要父母不要有过度保护孩子的思想，父母能够陪着孩子一起去体验"危险"，孩子就会变得更大胆、更自信，同时他也会觉得这个世界很安全。当孩子对环境越有安全感，他的内心就会有更多放飞的自由。

2.3 感觉到孩子的感觉，孩子才能感觉到"爱"

感觉孩子的感觉，对于某些父母来说，是一件挺难的事儿，因为如果一个成年人经常说"我对很多事情都没有感觉"，那么他也很难连接上孩子的感觉。

爱在哪里？爱，就在感觉里。

0~3岁的孩子，生活在感觉的世界里，感觉舒服，就开开心心，感觉不舒服，就又哭又闹。在他们的理解里，成年人让他们感觉舒服，那就是爱。

孩子在妈妈肚子里时，就用感觉来跟妈妈互动；他一出生靠嗅觉就知道妈妈在身边，因为妈妈身上有特殊的味道；当他又哭又闹时，只要妈妈一抱过来，就立马心情舒畅。当孩子有情绪，眼泪一把、鼻涕一把地在妈妈身上蹭来蹭去的时候，他是在寻找一种感觉，如果他感觉妈妈是接纳的，不是把它推开的，他很快就会安静下来，但是如果他感觉到妈妈是嫌弃他的，他的哭声和黏人程度就会越来越厉害。

所以，如果我们想要让孩子感觉到"爱"，我们就要让孩子感觉"开心和舒服"。

但是现实中很多时候，我们却做了反方向的事，明明心里很爱孩子，嘴上却让孩子感觉不舒服，孩子感觉不到我们的"爱"。

如：孩子去打针，我们跟他说不要害怕；孩子摔跤了身体出现了小伤口，我们却说你要勇敢，不要哭；孩子心爱的玩具弄丢了，我们却说再买一个就是了；家里客人来了，孩子人来疯，我们却说老实一点；宝宝害怕"熟悉的陌生人"，我们却说，宝宝不怕，快叫阿姨好，不能没有礼貌；孩子摸着生殖器觉得好舒服，我们却说"羞死了，不准这样"，让孩子对自己的感觉产生怀疑。

其实孩子想要的很简单，不过是想成年人看见他的情绪，感受他的感受。

理性大脑和感性大脑有很大的不同，成年人是理性脑更发达，孩子是感性脑更发达，当事情发生时，孩子的第一反应是我不知道为什么要这样做，我只想要开心和舒服。而成年人的反应是，你为什么要这样做，这样做是对的还是错的。因为两个大脑的开启方式不一样，所以出现的行为模式和起心动念就完全不一样了。

下面这个生活场景可能在你们家也出现过。

前几天的一个中午，我跟慧慧吃了中饭、吃了水果，正准备要午休的时候，慧慧突然从房间里跑出来，说："我还要出去玩的，我还要出去玩的，宝宝还要出去玩的。"我马上回应她："慧慧，我们要准备睡觉了！""不，我要出去玩"，慧慧继续哭着。

我试着去理解她："我知道宝宝还想出去玩，问题是，我们现在要准备睡觉了……"还是没有用。

我又继续同理她："真希望我们可以一直、一直在下面玩就好了，真希望我们可以不用睡觉、不用吃饭就好了……你现在下去，小朋友也都睡觉了呀！人家也要休息呀！"慧慧还是哭，已经三四分钟过去了！还是不停地说"妈妈，抱抱，出去玩，去那边，找小朋友玩"。对于应对一个大哭的孩子，每一秒钟都难熬！我开始有点烦躁了！真想丢下她不管！

太累了，我索性找了个小凳子坐下来，慧慧还是在旁边哭，我把心静下来后，突然意识到我刚才跟孩子讲了一堆道理，看上去好像很理解她，但是我并没有同理她的感受。于是，我把孩子抱到怀里，对她说："慧慧，妈妈知道你很难过，也很着急，你想快点去找小朋友玩，跟小朋友玩一定很开心。"没想到，慧慧听着听着，慢慢安静下来了。我又继续抹着孩子的眼泪说："慧慧难过地哭了这么久，都哭累了。妈妈告诉你呀，所有楼下的小朋友都已经回家了，大家都是睡了午觉再出来玩的。我们现在也好好睡觉，等你一睡醒，妈妈就带你下去玩，可以吗？"

说到这里时，慧慧这才感觉到妈妈真的理解她，感受到了她的感受，这才开始不哭了，并听从了妈妈的建议，乖乖睡觉去了。

孩子想要的东西很简单，他只是觉得跟小朋友一起玩很开心，他没想到现在是中午时间，外面已经没有小朋友了，或者如果我们带他到楼下看看，他就明白了，而不是一直掉在他自己想象的那个场景里。

孩子毕竟是孩子，他控制不住自己的感性大脑，但我们是成年人，我们可以控制一下自己的理性大脑，多启动一下自己的感性大脑呀！这样我们不就跟孩子同频了吗！只有同频的沟通，才能达到有效的沟通，亲子双方才会有满满的幸福感啊！

1. 连接五种心理感觉，孩子的生命品质与众不同

在大多父母的认知中，只知道五种感觉：视觉、听觉、味觉、触觉、嗅觉。很多父母基本上能做到让孩子多去发展他的五感，因为这对孩子的大脑和智力有好处。

今天我在这里跟大家讲的五种心理感觉，来自华德福的十二感官理论，其中对于0~3岁的宝宝来说，这五种心理感觉，尤其重要。他们是：触摸感、生命感、律动感、平衡感、温暖感。如果能连接上这五种感觉，孩子内在生命的品质会非常不一样。

我们来看看这些宝宝们的故事：

触摸感——在整个人生经历中非常重要。在孩子幼年时必须非常注意孩子的接触要求，还未学会走路的孩子与人交流的方式是伸出双手请求大人搂抱，跟自己交流的方式是摸自己的身体或者吃自己的手指。如果孩子在早期缺乏跟父母直接接触，不但会影响到孩子的触感发展，更加会影响到跟父母的沟通，使孩子缺乏安全感。

0~3岁的小宝宝，是被动接受触摸的，所以父母要特别注重孩子在安静和抱起、拥抱及放手之间的转换。如果我们对孩子的抱起和放下是随意的或者常常带有消极情绪，那孩子在心里就会留下"我不好"的感觉，这种感觉一辈子都挥之不去。

宝宝3个月了，我在家全职带孩子。为了让宝宝有个独立的空间，也为了互相不影响睡眠，我们在大床旁边放了一个婴儿床。

每当宝宝醒来，我看到他一个人躺在婴儿床上，觉得他好像很享受这种安静而孤独的感觉，我就不去打扰他，而是先去做自己的事情。等我回到婴儿床边，他好像已经完全从自己的世界里醒来，渴望我抱他时，我就把宝宝抱起来，给他一个深深的拥抱。然后缓缓地把他放下，给他换衣服，温柔而清晰地做着这一切，宝宝很享受，也很有安全感。

生命感——它的存在很多时候是无意识的，生命感也是生命体内部自我平衡的载体。任何形式的失衡都能被身体感觉到并随时做出协调，如：跌伤的痛疼、受到打击的痛苦、心情的波动等，都能反映到思考从而影响到思考。在儿童教育中，成年人应该帮助儿童找到内心空间的和谐，让他通过外在生命状态的平衡，感受自己内在身体里生命感的合谐与平衡。

我是一个典型的普通职场妈妈，因家庭经济条件一般，孩子3个月大，我就去上班了。为了能让孩子多喝母乳增强体质，我坚持母乳喂养，每天中午坚持回家喂奶，白天公司家里来回跑4次，晚上的夜奶也一直没断过。经常睡不了一个整觉，直到孩子1岁。我在报社工作，压力很大，需要不断创新，还要提升自己，容不得一丝懈怠，我感觉到这一年，自己常常处在崩溃的边缘，找不到任何幸福感。

我知道，为了做好母亲，我已经尽力了，我不知道问题出在哪里。

偶尔在给孩子喂奶的时候，我会想，总是在催促孩子吃快一点，总是疲惫地把孩子拥入怀中，带孩子时总是有莫名的情绪袭来。这真的是为孩子好吗？

孩子对生命的感觉，除了他对身体疾病的本能反应，也来自他对母亲生命状态的感知。如果他总是活在吵架和打架的家庭氛围中，他对生命的感觉就是害怕，如果他总是在吃饭时被催促，他就会感觉到生命的短缺和无常，造成心理上的过度紧张，那他也很难有一个"幸福"的生命感。

律动感——儿童身体的律动感是感觉到移动身体和四肢、爬行、蹒跚学步、跑与跳，这种感觉是以后获得自由意识的重要关键。孩子只有在自然环境中才能感觉到自我与时间和空间的关系，因为律动不但是空间变化的结果，也是时间变化的结果。好动是孩子的天性，孩子通过运动来认识空间，拥有自己的空间，如：自由爬行、自由学走路、自由参与游戏。孩子在小时候的行动受到限制，长大之后他的思维不可能活跃，更谈不上自由发展独立的思想。

我发现孩子在玩耍的时候，如果有一个榜样去模仿和带动，孩子就会慢慢主动地去参与。我们家宝宝胆子挺小的，每天带她到楼下的户外攀爬处玩，她总是不敢爬上一个小堡垒。有一次，我就自己爬了上去，她在下面看着，还是不敢自己爬。后来，又有别的小朋友爬了上去，我又不断鼓励她，她才勇敢地走出了这一步。有了第一次，再来第二次的时候，宝宝的身体才完全放开了。

我们要特别注意的是，时间也是一种律动，一种有规律的活动，我们可以带着孩子去感受白天黑夜、春夏秋冬、风雨雷电的变化，让孩子对大自然的律动，有一种敬畏之心。

平衡感——是指保持人的身体站立、坐、蹲的平衡稳定，使身体不致失去平衡而倒下，同时也包括了保持内心平静、松弛和稳定的状态。瑞士人智学研究者科尼克医生认为，是平衡感失调，造成了内心不能平静，从而表现出身体的平衡失调。在儿童的发展中要注重肢体和内心两者的平衡发展。从婴儿的第一次仰头开始，学会坐、爬、站立、学步、走路到爬树、荡秋千、过独木桥，走路时喜欢走街沿或走过滚动的物体等，都是儿童在自然地发展自己的平衡感。

我们家的娃是剖腹产，1岁时，我给孩子断了奶，就上班了，孩子交给了爷爷。说实话，从一开始我就知道爷爷不适合帮忙带孩子，因为爷爷脾气急躁，情绪不稳定，当他看不惯孩子，觉得孩子不听话的时候，就会吼孩子，让孩子很害怕。爷爷也不爱外出活动，很少带宝宝到楼下玩。但是因为我们两个的工作太忙，一时也想不到别的办法。

一转眼，宝宝就快两岁了，我们发现他走路不太稳，平衡感很差，总是跌跌撞撞的。在情绪表达上，宝宝也很不稳定，一不满意就哭个撕心裂肺，要不就一个人在角落待着，不说话，看到孩子这样，我感到很心疼。

到了幼儿园大班时，孩子被查出视神经脊髓炎，还没上小学就休学了。现在想来，我真的很后悔。

外在的平衡是我们能看见的,但心理的平衡是我们看不见的,其实这两种平衡是相互影响的。抚养人内心的悲观与不安,巨大的情绪,总是催促孩子快点快点,这些都是影响孩子内在平衡感的重要因素。

温暖感——对婴儿而言,保暖对身体器官的发育非常重要。如果人能够自我地发展和完善器官,婴儿这一辈子都会活得很健康,所以必须保持婴儿身体的温暖。体验到母亲的温暖对婴儿以后身体各种器官的发育和自我发展是至关重要的。如果身体缺乏温暖,人就会想办法找个地方取暖,并会对得到温暖的地方产生感情。人与人之间的交往也是一样,给孩子足够的温暖同时也是内在交流,是爱的表现,如通过对别人的问寒问暖来表达我们的爱心。

我现在明白为什么孩子跟我不亲了,因为孩子出生3个月后,就送回老家给爷爷奶奶带。那个时候我的身体不好,在外打工经济条件不允许,当时想着为了给孩子一个稳定的环境,送回老家是对孩子最好的安排。

现在说后悔的话也没用,孩子确实没有从我这里得到过"温暖感",我没有陪伴过他幼年的成长,直到上小学才把孩子带回身边,可是为时已晚,随着年龄的增长,孩子跟我们各种叛逆和对抗。我能感受到孩子既想跟我们亲密,又本能地在拒绝我们的友好,反正无论我们怎样做,他都认为我们对他是假装的热情。

早知道是这样的结果,我当初不会做这样的选择,哪怕再难,也要把孩子带在身边。

2. 连接孩子感觉的正确方法

最简单有效的方法就是:接纳、表达、放下、拥抱。

无论发生什么事,如果我们真的能做到这几点,孩子心中感觉到的一定是满满的爱,我们自己心中充满的也一定是"爱的感觉"。

接纳——发自内心的接纳和表面的接纳,会产生完全不一样的结果。

我们怎样才能知道自己是否"身心合一"地接纳孩子的感觉,最重要的就是觉察自己的内在是否有恐惧，是否有评判。

如，当我说出孩子的情绪和感受，他是否会更加嚣张或难过。

如，小孩子懂什么呀，要是按照他的想法来，那还不乱套了啊！

如，小孩子不懂表达，该打就打，该骂就骂，不能惯坏了。

如果我们是这样的想法，那我们就很难连接上孩子的感觉，因为我们自己都在排斥孩子，孩子又怎么能愿意接受被排斥的感觉呢？

因此，真正的接纳是全然地相信、理解和尊重。

如，宝贝，你的感觉很重要，我完全能看见并尊重你的感受。

如，宝贝，我知道你这样表达情绪是有原因的，只是我还没真正理解。

如，宝贝，有情绪可以表达，但不能情绪化地表达。

表达——把孩子的感觉和情绪说出来，事情就会解决一大半。

如，在超市，孩子想要一个玩具，你拒绝了他。孩子开始大哭。而你觉得非常没有面子，又很生气孩子耽误了你的时间。在发脾气之前，你先感受一下，他很想要这个玩具，但是最终没办法得到的那种遗憾、失望、委屈。看到它，体会它，然后反馈给孩子：你很想要这个玩具，妈妈不给你买，你觉得很失望，是吗？你真的太想要了，没能拿到这个玩具，你很生气，是吗？妈妈说这一次不能买，要等到过生日才行，还要等这么久，你觉得很委屈，是吗？

放下——成年人要放下自己的头脑和理性，只有感觉才能连接上感觉。

如，有一天，孩子做错了事，我跟孩子生气。

孩子：妈妈你爱我吗？

我：爱呀！

孩子：我怎么感觉不到啊？

我：妈妈是爱你的，只是你刚才的行为让妈妈很生气。你刚才是在乱发脾气，妈妈告诉你不能这样做，你还在这样做……

孩子：我不想听。

我：妈妈爱你，妈妈抱抱你吧。

孩子乖乖地被我抱在怀中，我不再说话，她这才感觉到了爱，我感觉她的身体放松了下来。

成人不要总活在自己的感觉里,用自己的感觉去替代孩子的感觉。如:

孩子:妈妈,这儿好热。

妈妈:热什么热,今天天气预报才刚刚零上。

孩子:太热了,我要把外套脱了。

妈妈:不行,哪有那么热,不能脱!

拥抱——是最美好的一种感觉。

千言万语都抵不过一个深深的拥抱,当我们处理完情绪和事情,把孩子拥入怀中,双手捧起他的脸,让彼此的身体紧紧贴在一起,深情地对孩子说一句"宝贝,我爱你"。这种爱的感觉,会化解所有的矛盾冲突,孩子也会愿意为了这种爱的感觉而改变。

第3章

专注力维度：

3岁前的宝宝比成年人更专注

父母千万不要无知地破坏宝宝生存的本能——专注生存。

人类从来不缺乏专注力，不管是千百年前，还是现在，无论人类的大脑如何进化，这些刚刚出生的新新人类的大脑依然是一样的，并没有多大的改变。一出生的宝宝大脑，永远专注的都是生存，不可能是别的。

所以，最新出生的新人类宝宝，一出生就具备高专注力，就拥有最适合地球环境和生存的大脑，根本不需要刻意培养。

那为什么有那么多的人认为，宝宝越小越没有专注力呢？那是因为大多数父母没有弄懂注意力和专注力的区别，错误地认为宝宝注意力时间短，就是专注力不好。

专家认为1岁以下的宝宝，集中注意力的时间不超过15秒，1岁半的婴儿能集中注意5分钟左右，2岁的幼儿能集中注意10分钟左右，3岁左右的幼儿能集中注意20分钟左右。时间都非常短。可是我们有没有发现，1岁以内的宝宝，他们在吃奶时，非常专注，如果我们创设好氛围，不打扰宝宝，他可以专注吃奶十几分钟。当然，如果有东西不断地打扰他，他的注意力就很容易分散，可能吃一下就扭头到处看一看。当孩子专注在生存和兴趣当中，真的会产生让成年人匪夷所思的专注。我见过一个1岁半的宝宝，他把锅里的饭不断地舀出来，又倒回去，再舀出来，再倒回去，乐此不疲地不断重复这个动作，玩了40分钟。

关于对这两个概念的误解，也怪不得父母，因为大多数父母不是教育专家，但可怕的是，父母们在带养孩子的过程中，会用错误的"认知"，或者自己仅有的一点"知识"，给孩子的专注力下一个论断。比如，我常常听到有的父母说"我的孩子不受控制，就是专注力不好""我家宝贝经常发呆、自言自语，是不是专注力不行""现在孩子还小，多动一点没关系，大一点专注力就好了""孩子只对感兴趣的东西专注，是专注力不够吗"父母们充满了"无知的焦虑"。

所以我想，如果从父母养育孩子一开始，就对"专注力"多一些了解，在从小陪伴孩子的过程中，做对每一个年龄段该做的事情，那就是对孩子心理和智力成长最大的帮助，也只有这样的父母，才算得上是懂科学教育的父母。

注意力是一种心理状态，是先天就有的，与生俱来的。注意力没有好坏之分，只是强弱程度的不同，不同年龄段有不同的注意力时长，年龄越小，注意力越容易分散。注意力受大脑前额叶的控制，额叶功能是大脑最后才完善的，要到25岁以后，所以儿童的注意力随着大脑的不断完善和年龄的增长会越来越好。但是现在被诊断为"注意力缺失障碍"的孩子越来越多，我觉得这跟剖腹产和感统失调有很大的关系。

专注力是什么呢？它不是天生的能力，它需要后天培养，是一个持续且坚持的状态。专注力有好坏之分，它更多地表现为一个人的社会适应能力，它会受外在环境和内心状态的影响，比如：安全感、情绪、人际交往、目标、成长型思维、时间管理、精力管理、抗干扰力等。从大脑功能的角度来看，它会受爬虫脑和情绪脑影响，也会受家庭氛围和教养方式的影响。

好了，看到这里，我们明白了什么呢？注意力的强弱是老天决定的，父母很难改变，而专注力的好坏，是老天给父母从后天去培养的一个机会。注意力的完善我们可以慢慢等待，但是专注力的培养可以随时随地进行。从一出生就可以开始。因为专注是一种本能，对出生不久的孩子来说，只要我们不去破坏，孩子本来就活在"天人合一"的状态。

0~3岁宝宝专注力的独特性就在于：只要你不打扰我，我就能专注地活下来。

我要专注地吃和睡，这是我每天最重要的任务和工作。

我要不断尝试，努力地坐起、爬行和走路，不管跌倒多少次都不放弃，我相信"我一定会做到"。

我感觉很安全，我就专注在自己的内在世界里，慢慢蓄积能量，直到走出父母的怀抱。

我感觉很美好，我就开心地连接身边的人事物，敞开身心去感知和了解这个世界。

我感觉我是主人，我就有力量，相信自己无所不能，我会驾驭生活，照顾自己。

是的，当宝宝越安心、越开心、越自主，他就会越专注。

看了下面这个案例，可能你也会想拥有一个像成成一样的"别人家的孩子"。

成成是一个刚刚两岁的小帅哥。他是一个专注力极棒的宝贝，每天早上妈妈把他送到托育园，他会开心地跟妈妈告别，如果妈妈跟老师聊多几句话，停留得久了一些，他会把妈妈推到门口让她快走，因为他知道妈妈应该离开，他要开始在托育园的一天。

他开始自己脱鞋，把鞋子放到鞋柜，老师帮他穿上防滑袜和室内鞋，他就自己拿起书包走进教室，放好书包和水杯后，就去洗手准备吃早餐，这一切，他做得很熟练，也很专注，他的平静情绪让人感觉到他是一个"好老练"的孩子。在老师组织课堂活动时，他会积极参与，与老师开心互动，甚至跟园区的每一位老师聊天，还会主动跟新来的小朋友打招呼，邀请他们一起玩……这一天，成成无论在生活上，还是课堂上都有一种活在当下的状态，专注地生活，专注地玩耍，专注地睡觉，专注地上课，老师也觉得这样的孩子特别好带。成成只是来托育园两个月而已，这就是一个适应力超强的专注力宝宝啊！

我们再看看另一个"爱神游"的宝宝吧：

小A宝宝两岁7个月，他刚来我们园区就给所有老师来了个下马威，每天早上跟妈妈分离时，表现出极度的分离焦虑。这种情绪足足持续一个星期，每天早上都不想吃早餐，只是吃点水果，然后就跑到门口不停地说："回家，我要妈妈，回去。"到了第二个星期，虽然小A的情绪好了许多，不再哭得撕心裂肺，早餐也能正常吃了，但是他不愿意进教室，老师上课时，他就在大厅的门口坐着，或者在大厅里一个人走来走去。中午睡觉时，自然也是需要老师抱着慢慢拍，慢慢哄，大概半小时后才能入睡。

每个老师见到他时，都会微笑着蹲下来跟他打招呼，但是他都面无表情，眼睛也不看老师，完全不理人，要不就是迅速地跑开。足足一个月，他只跟常带他的副班老师一起，不愿意接触别的老师。

每当看到这样的宝宝，我就觉得很心痛，因为宝宝的眼神很空洞，不知所措，还有惊恐，他哪能专注在当下，专注于生活和玩耍，更不用谈上课学习这件事了。

以上，我举的是3岁前宝宝上托育园的例子，如果这些宝宝满了3岁上幼儿园，基本状况也是一样的，因为主要抚养人的带养方式没有发生改变。当然，其实我们更应该好奇的是，为什么宝贝们在上托育园后，会有不同的适应力表现呢？

如果要培养一个像成成那样的专注力宝宝，作为父母要知道哪些知识，提升哪些能力，做到哪些事情呢？这取决于父母的教育理念和采取的教育方式。

我想成成妈妈能培养出这样一个高专注力的孩子，她一定做到了以下几点：

（1）她会尊重孩子的年龄特点，敏锐地观察孩子的一举一动，很好地理解孩子。

（2）她会跟随孩子的成长节奏，让孩子先做，她再适时协助。

（3）她会激励孩子去达成跳一跳才能做到的目标，让孩子充满自信。

（4）她会管理好自己的情绪，成为孩子情绪模仿的榜样。

（5）她会最大尺度地允许孩子，全面探索自己的身体。

（6）她会创设自由安全的环境，帮助孩子延长专注。

看上去好像很简单，但是实际上要做到位，却不是那么容易哦！

3.1 0~3岁的宝宝是专注力天才

可能您会说"天才",这也太夸张了吧?其实一点不夸张,不仅仅因为专注是一个人与生俱来的能力,还因为宝宝在出生后的前三年,神经突触发展速度最快,神经元细胞不断增加,神经网络高度密集。这一切为宝宝专注地探索这个世界,准备好了大脑的养料。

如果我们是父母,就应该给宝宝多多创设各种感兴趣的场景和机会,让宝宝时常保持专心钻研不受干扰的状态。如果宝宝出现不理你的行为,那就恭喜你了,因为你的宝宝正走在成为"专注力天才"的路上。

1. 宝宝的专注力蕴藏在吃喝拉撒睡玩中

曾经有妈妈问我,0~3岁的孩子学什么?我说,3岁前的孩子应该学习"如何生活"。"学会生活",这几个字看上去好像很空。其实不然,对于初来地球的孩子来说,他就是处在人生的开始之初,他就是要从无到有地学习掌握在地球上生存的基本技能,如:吃饭、喝水、睡觉、穿衣、上厕所、搞卫生、做饭……

专注从哪里来?就是从"学会生活"中来呀!孩子在做这一切的时候,他多么需要专注啊,他越是专注,就学得越快,做得越好。可是我们有没有给孩子创造机会来锻炼和练习呢?如果一个孩子在生活上都不能专注,都不知道自己生存的意义是什么,那他将来怎么能够在学习上更专注呢?

一个孩子,你看他3岁时能否按规律地吃饭、睡觉、玩耍,你就能看到他将来能否安排好生活,做好时间管理。

一个孩子,你看他3岁时能否专注地玩弄锅碗瓢盆、玩沙玩水、使用工具,你就能看到他将来在学习和生活中有多专注。

陶行知说,生活即教育。这对于3岁前的孩子来说,就是这样,没有什么高深的道理,保护好孩子对生活的探索热情,就是在保护孩子的专注力。

2. 宝宝的专注力蕴藏在舒服的感觉中

当宝宝准备好要从妈妈肚子里出来的时候,他的所有感觉就打开了,特别是顺产的孩子，当他用尽一切力气，掉入妈妈的产道，拼尽全力冲出来时，他全身皮肤的感觉就启动了，他感觉到挤压、顺滑、头部的冰凉、双手的粗糙、衣服的摩擦、嘈杂的声音、屁股上的一记重击……

他一直在用感觉在感受和体验这个世界对他的态度，是温暖的、友好的、随便的，还是痛苦的、恐惧的、敌意的。

这就是老天送给人类宝宝出生的礼物，不是语言，不是思维，而是感觉。这种敏锐的、沉浸式的感觉，让宝宝从一出生到顺畅地用语言表达，将近3年的时间，他都一直活在自己的感觉里。所以，这也是保护内在专注力的最佳时期，专注是一种感觉。

我们通过两个小宝宝的故事，来理解感觉对宝宝专注力的影响：

治治1岁，他的妈妈在他6个月的时候，就在宝宝游泳馆办了卡，每个星期两次，外婆或阿姨会带治治去游泳。游完之后，有一个按摩师姐姐给治治做全身按摩，治治就光溜溜地躺在"案板"上，任人"翻煎"。本来这应该是宝宝最享受的幸福时光，可是这个按摩师姐姐就好像完成任务一般，把治治的正面按了一遍，又反过来在背面按了一遍，治治就好像一片面包，被两面翻起"各煎一下"。姐姐的按摩手法很熟练，可是跟宝宝之间，没有眼神和表情的交流，更不会跟宝宝微笑说话。

本来这是一个最让宝宝觉得舒服，又最让宝宝专注和享受的时刻，可是成年人的随意轻而易举地就把宝宝的专注力破坏掉了。因为无爱的触摸，心是疏离的，里面没有爱，时间虽短，但是孩子在那个当下，心门一定是关上的，他的大脑一定是走神的，他不能专注在他的身体上，因为太不舒服了。

如果孩子每天都要这样被对待，哪怕每天10分钟，那就是在破坏孩子的专注力。将来他有可能对触摸高度敏感、对抗，不喜欢别人碰触自己，导致与小伙伴的人际关系差；也有可能，他对身体的界限不清晰，总是脚不停手不住，进入教室总是无意识地摸这摸那，或敲打一下同伴，告诉他不能这样做时，他总是说我什么也没做啊。总之就是受到过触觉伤害的孩子，有可能多动或注意力涣散，或害羞胆小，莫名焦虑。

而反之，如果是一个有爱的画面会是怎样的呢？妈妈一边逗着宝宝，一边说着温暖的话，还放上音乐，跟着宝宝的表情和感觉，边玩边给宝宝做全身抚触。宝宝安静、愉悦地每天都会享受到这样一个温馨而专注的时刻。

所以，保护好孩子的感觉，就是在培养孩子的专注力。

3. 宝宝的专注力蕴藏在每一个敏感期的需求中

"敏感期"一词是由生物学家Hugo De Vries（德弗里斯）首次提出来的，用来描述不同时期蝴蝶的行为，Vries在研究一种蝴蝶时，观察到幼虫在破壳而出时对光线有着极强的敏感性，这种敏感性会指引它爬到树枝顶端最亮的地方吃到上面的嫩芽，而当蝴蝶幼虫慢慢发育到可以进食老叶的时候，它们对光的敏感性就消失了，并迅速进入下一个敏感期，开始忙碌地结茧工作，为成长为蝴蝶做准备。

后来，意大利的儿童教育家蒙台梭利发现："人"的发展也存在敏感期。她通过对幼儿自然行为的细致、耐心、系统地观察后指出，儿童在每一个特定的时期都有一种特殊的感受能力，这种感受能力促使他对环境中的某些事物很敏感，对有关事物的注意力很集中，而对其他事物则置若罔闻。所以，当孩子的内在产生无法遏止的冲动，并驱使孩子将精力都聚焦在这个他被强烈吸引的事物或活动上时，他就能达到高专注的状态，这也是父母们最期待看到的孩子在探索新事物时表现出极大的学习热情。而当这种特殊需求被满足后，这股动力或敏感力就会消失，强烈的兴趣力就会降下来。所以，我们要想在0~3岁培养高专注的孩子，不是没可能，就是一定要紧紧抓住孩子的每一个敏感期。

一般来说，0~6岁的敏感期比较明确，而0~3岁的敏感期，并不是绝对只在3岁前出现，每个孩子有差异化，而且有的敏感期会贯穿0~6岁整个阶段。所以，我在这里给大家介绍的0~3岁敏感期，是指会集中出现在这个年龄段的敏感期。

他们是：视觉敏感期、口腔敏感期、手部敏感期、爬的敏感期、走的敏感期、听的敏感期、语言敏感期、自我意识敏感期、细小事物敏感期、涂鸦和音乐敏感期。

视觉敏感期（0~3个月）

刚出生的宝宝对光感非常敏感，这时宝宝需要适应白天和晚上的光线差异，所以白天要拉开窗帘，晚上要关灯睡觉，让宝宝适应自然的光线变化。

专注力建议：

在宝宝能够看见的视线范围内，在光线充足和光线较暗的地方，分别为其放上一幅画、一个图表或一个玩具等物品，使宝宝观察上述物品，从而增强宝宝对光线的敏感程度。

用色彩较明亮的玩具，吸引宝宝的注意力，等宝宝想要伸手抓自己看到的东西时，家长可以把玩具移到另一边，重复几次后再把玩具给宝宝，可促进宝宝注意辨识度。

准备有黑白颜色的小道具，如黑白图案的扑克、卡片或黑白纹的衣服等，每次给宝贝看10~15秒，距离眼睛30cm左右，家长可以缓缓移动物品，让宝宝眼睛随物品转动，延长专注时长。

口手敏感期（0~2岁）

宝贝在进入口腔敏感期之前，还会经历味觉敏感期，特别是添加辅食后，宝宝的味觉敏感度会增强，这时如果我们让孩子品尝各种味道，就可以提升宝宝的感受力和专注度。

对于0~3岁的孩子来说，口手敏感期是一起出现的，当宝宝开始把手放进嘴里时，他的口腔敏感和手部敏感就同时启动了。

手部专注力建议：

（1）孩子或喜欢用手撕卫生纸、书本，抓被子、衣服、玩具、扔东西等情况，此时家长要有足够的耐心，允许孩子去做，甚至创造环境让孩子去发展他的手部小肌肉和手臂大肌肉。

（2）允许孩子用手感受地面，用手来触摸地面并爬来爬去，去感受沙滩、粗糙或光滑的地面，感觉是不一样的。

（3）孩子在吃手时，不要打扰他，这是孩子高专注的表现。

（4）允许宝宝用手抓饭吃，或用手抓水果，这也会提高宝宝的专注度。

（5）带宝宝到大自然中去，如果宝宝不敢去触碰东西，妈妈可以做出示范，去摸摸小花、树木，并重复说出物体的名字。拔两棵小草，捡几颗小石子给宝宝玩，摸摸大树，摸摸河水。

（6）让宝宝玩动手性强的玩具，比如，堆积木、玩沙子，再大一点可以涂色、拼图、串珠子等。家里有很多生活用品，也是宝宝锻炼小手的道具，如，拧矿泉水瓶盖、舀水舀饭、倒水……

（7）多跟宝宝互动玩手指游戏，仅用小手就可以玩出好多的游戏了，比如，逗逗飞，小手不见了，小手回来了，用小手再见，飞吻，手心藏东西等。再大一点用小手指出身体的部位，学毛毛虫走路、玩水等。

口腔专注力建议：

（1）做好母乳喂养，让孩子充分吮吸。

（2）让孩子想吃手就吃手，经常准备一块湿毛巾和水在身边，注意卫生。

（3）从4个月开始，每天准备不同质地的东西，给孩子抓或咬（我曾经给大宝买过牙胶，可是他并不喜欢，因为咬来咬去都是同一种味道和感觉）。

（4）从3个月开始，用筷子沾上不同味道的水果，让孩子体验。

（5）从添加辅食开始，用不同的食材来制作辅食，有时孩子会不喜欢某种味道，我就会想好多办法来搭配。

（6）孩子已经有了想上餐桌的欲望，必须给孩子固定坐餐椅，这样会养成一个好习惯。

（7）用牙胶"咬咬乐"吃水果，是在破坏孩子的味觉专注力。

爬的敏感期（6个月~1岁）

爬行是宝宝大运动里非常关键的一项内容，宝宝1~3个月的时候俯卧抬头就是为爬行做准备，等到4~5个月时，宝宝可以双手支撑着胸部离开床面了，就说明宝宝已经准备好腹爬了。宝宝会爬行，能够更好地练习肢体与眼睛协调配合，刺激前庭觉，锻炼好身体的平衡和协调能力，为以后站立、行走及学习探索打下坚实的基础，还能通过爬行探索不一样的世界。

专注力建议：

（1）当宝宝到了年龄，还不会爬行时，父母一定要协助和帮助孩子开启爬行之旅。

（2）当宝宝已经会爬了，父母一定要给宝宝创设环境，让宝贝有更多的锻炼机会。

走的敏感期（8个月~两岁）

从最初成人拉着手走，到后来独立行走，而且越走不稳的时候，越愿意走，当平地走稳了，再发展到要上下坡。孩子从这些不断进阶的尝试中完善走路的体验，也在体验挑战自己的感觉。渐渐意识到自己的腿脚可以带自己去到更多的地方，腿部也越来越有力量。

意大利杰出幼儿教育家蒙台梭利说：行走敏感期是孩子的第二次诞生，是他从无法行动的状态进入可以自行活动的开始。

专注力建议：

（1）在基本安全的环境中，让宝贝多一点自由行走吧，千万不要用防摔带和学步车，因为行走是人类的本能，摔跤后爬起来再尝试，也是一个人的本能。让孩子用本能去成长，那就是最专注的时刻。

（2）当宝贝在行走时，总是漫无目的，或是走得很慢，或是哪不行偏走哪儿，只要没有绝对的危险，父母们就放下担心和批评，让孩子在他的专注世界里，多停留一会儿吧！

听和说的敏感期（0~2.5岁）

宝宝还在母亲肚子里的时候，就已经能够听到声音了。语言的启蒙是从听力开始的，父母只要经常对宝宝进行听觉刺激和语言交流，宝宝3个月开始就想和身边的人用语言进行交流了，会尝试着发出连续的声音，到了5个月，就可以清楚地分辨大部分不同的声音，6个月左右，宝宝就会不断地牙牙学语了，到了两岁左右开始进入语言爆发期。

专注力建议：

（1）对着0~6个月的宝宝说话时，让宝宝看到爸爸妈妈脸上的表情和口型。

（2）不要管宝宝会不会说话，我们都要不断给他注入"养分"，多和他说话、讲故事，当他需要表达自我感受时，自然就开口说话了。

（3）添加辅食后，让宝宝慢慢咀嚼一些有硬度的食物，如玉米，或者是能含满嘴的食物，如馒头。这会锻炼孩子舌头和口腔运动的能力。

（4）说话跟身体的小肌肉群有关，多多锻炼孩子的小肌肉，如手部、口腔，都对语言发展有帮助。

（5）宝宝的语言特点是思维先于行为，所以当宝宝还表达不清楚的时候，父母一定不能着急，让宝宝慢慢说，并及时给予肯定。爸爸妈妈需要具备"猜谜"的能力。

自我意识敏感期（1.5~3岁）

区分我的和你的、我和你的界限，主要表现：从开始说"我的"到开始说"不"到开始打人、咬人，再到模仿他人，渐渐地孩子们有了自我意识，这时孩子出现的最多的现象是划分我的，以便清除你的，同时通过说"不"使用自我意志的感觉，我说了算是最重要的，如果发生不符合他心思的事情就会大哭大闹，孩子们的表现是完全以自我为中心，这也是父母们最看不懂，最担心的事情。

专注力建议：

（1）当孩子打人咬人的时候，我们要把孩子引导到内在，而不是用打回去或指责说教的方式，这样孩子就会专注在他内在。

（2）当孩子表现出执拗的情绪时，如果父母能有稳定的情绪，孩子以父母为镜子和榜样，模仿到正确的情绪表达方式，他就会更快地回到自己专注的状态上，而不会一直哭闹，处在身心的分裂当中。

（3）当孩子完全以自我为中心时，父母首先要尊重和理解，不要给孩子贴上"自私"的标签，这样就能让孩子因得到理解而快速回到自己专注的事情上去。

细小事物敏感期（1.5~4岁）

忙碌的大人常会忽略周围环境中的微小事物，但是孩子却常能捕捉到个中的奥秘。他常常会做出一些我们不理解的细小动作，比如，捏起一片掉落的叶子不停地往花盆里插，或是摆弄着一本书，怎么看也不烦，或者总能发现一根细小的头发丝，一棵小草，一个小黑点。总之，我们不明白的，不在意的，他们却能从中看到更多的奥秘。

专注力建议：

（1）当孩子喜欢观察蚂蚁等昆虫小动物和户外景物时，父母要耐心等待。

（2）当孩子发现绘本里的小细节，发现生活中的小物件，父母要向孩子表示赞赏和惊喜。

（3）当孩子通过观察提出疑问时，父母要赞赏并及时回应孩子，让他们保持对世界的好奇心。

涂鸦和音乐敏感期（两岁~7岁）

这是人生来俱有的智能。绘画是孩子最会使用的一种语言，他们从涂鸦开始一直到可以表达自己的感受，整个过程都是一种自然的展现。而孩子在妈妈的肚子里就开始了听觉的发展，1岁多的孩子就能够跟着音乐的节奏扭动自己的身体，音乐是人类的语言，孩子天生就具有最高级的艺术欣赏能力。

音乐的敏感期呈螺旋状发展。两岁的幼儿就能把握节奏；3~4岁开始对简单而重复的旋律感兴趣；5~6岁开始选择自己喜欢的音乐并自发用动作表达；6~8岁已经能深深沉浸在音乐中……

专注力建议：

（1）创设可以随时随地涂鸦的环境，让孩子可以专注地沉浸在创造的世界里。

（2）选择各种类型的音乐，尤其是高雅的古典音乐，让孩子沉浸在音乐的世界里，随时随地发展他的专注力。

3.2 五维专注力，3岁前就可以训练

专注属于认知过程的一部分，是影响儿童学习过程的因素之一，也被认为是记忆、情绪、决策等人类认知过程中最具体的一种，是其他认知的入门。

专注力分成五个维度：观察性专注力、转换性专注力、选择性专注力、持续性专注力、分配性专注力。

对于3岁前的孩子来说，这五种专注力都处在非常初级的阶段，这是一个慢慢成熟和能力提升的过程。在这里，我们并不是要求父母一定要懂得如何训练，而是让父母初步建立五维专注力的概念，让父母明白，这五个维度的专注能力是孩子将来进入学习后的重要基础，现在具备了这个意识，到了3~6岁再进一步提升，上小学以后，孩子就会拥有强大的专注力，让学习变得简单轻松。

1. 观察性专注力游戏：充分刺激视听觉和手眼耳协调

观察性专注力是指能够一个一个，井然有序地应对来自视觉、听觉或触觉等外部刺激，或是可以在接收到环境的信息后，立刻做出反应，如，对事物反应迅速，一听到电话铃声能迅速去接电话，或是能在短时间内记忆多条信息，拥有良好的视觉广度。

以下类型的游戏都可以很好地训练孩子的观察性专注力：

听觉游戏1：听指令，做动作——走、跑、停。

准备：小鼓或摇铃，较大场地，周围最好画有直线。

目标：指令执行的快速反应；启动行为与停止行为。

玩法：小朋友沿着直线运动慢节奏敲小鼓，语言辅助"走一走"，小朋友走走；慢节奏敲小鼓，语言辅助"跑一跑"，小朋友跑；敲一下停下来，语言辅助"停"，小朋友也停下来，站在原地。逐渐撤销语言辅助，直接听小鼓节奏来调整自己的运动方式。

内容拓展：在奔跑过程中可增加追逐内容，后面小朋友追前面小朋友。

视觉游戏2：物品配对。

准备：若干成对物品（动物类、水果类、服装鞋帽类等）。

目标：认识基本物品。

玩法：发给小朋友5~10个不同物品图片，并将图片贴到墙上，将与之前一样的图片发给小朋友，每人5~10个，小朋友观察手及墙上的图片，将一样的贴在一起，相同/相似物品配对。

听觉游戏3：听名称、搭积木。

准备：积木若干。

目标：对于呼名的快速反应；对积木的仔细观察，训练宝宝的视听觉。

玩法：父母和孩子坐在地垫上，围坐一圈。爸爸分别叫孩子和妈妈的名字，每人就领积木一块，每人可发积木3~5块，放在自己的收纳箱里。爸爸从自己开始，轮流叫3个人的名字，并拿一块积木搭在圆中心。每个人都可以拿出一块积木来搭建，也可以让孩子观察，拿出跟爸爸手中一样的，但是颜色不同的积木。

类似的游戏还有：拼拼图、走迷宫、找不同、听指令跳数字垫……

2. 转换性专注力游戏：在生活场景中锻炼转换力

当父母说：宝贝，现在我们要去睡觉；或者说：宝贝，我们现在要离开这里，去做另外一件事情了。这就需要用到宝贝的转换性专注力了。

转换性专注力强的人可以迅速从一件事切换到另一件事，果断地处理完眼前的事物，再随时切换回去，不会迟疑不决或慌张混乱。当然这对于3岁前的宝宝来说，是相当有难度的，因为他们的大脑发育还不完善，还不能用理性认知来做事情切换。

但是对于宝宝来说，大脑本来就需要从小训练，如果我们能从小有意识地训练孩子，并知道原来这就是在训练宝宝的转换性专注力，那就是一种很好的培养。

游戏：听不同的音乐，做不同的动作。

准备：各种音乐或乐器。

目标：提高视听觉转换力。

玩法：给孩子做抚触时，或是抱着宝宝，听不同的音乐，出现不同的节奏，让宝宝感受到旋律和节奏的变化与转换。当宝宝1岁多时，利用对音乐的敏感，让孩子在不同风格、不同节奏的旋律下跟宝宝一起舞动，也可以用动物或汽车的各种声音进行转换。

也可以把生活场景游戏化：

（1）当宝宝要吃饭了，就专门放一首歌或一段音乐，让宝贝从小养成听觉上的习惯，自然过渡或转换到下一个场景。也可以是父母用唱歌的方式，或是用特别不一样的语言唱出来："宝贝，我们吃饭啰！""宝贝，我们睡觉啰！"

（2）给宝宝建立读绘本的仪式感，用仪式感来提高转换力。古人读书前讲究"焚香沐浴更衣"，就是一种阅读的仪式感。比如，在一个固定的地方，固定的时间，一些特定的道具，一本宝宝喜欢的书。

3. 选择性专注力游戏：专注在环境中，减少选择的困难

当周围环境比较复杂，有多个吸引人注意的点，我们还能把专注力集中起来放在其中一个点上，或者和之前一样专注在手头的事情上，不受其他不相干的信息干扰，这就说明我们的选择性专注力是很棒的。

这对于3岁前的孩子来说是极难的，他们这个阶段专注力最大的特点就是极容易分神，极容易被外界干扰。但是，如果通过游戏来不断训练和提升这个能力，还是可以的。

游戏1：滚珠大战。

准备：各式各样的弹珠。

目标：提升选择性专注力，及视觉追踪和视觉分辨的能力。

玩法：孩子和妈妈面对面，坐下距离为2~3米，距离越远，孩子越需要专注。

妈妈拿3颗不同的弹珠向孩子滚去，事先告知孩子必须根据妈妈的指示，接住特定颜色或特征的弹珠，例如，告诉孩子待会儿弹珠滚出去之后，请抓住黑色的弹珠，然后妈妈一次把手上的3颗或5颗弹珠，以适当的速度滚出去，让孩子找出黑色弹珠给妈妈，再请捡回其他的弹珠。这个过程可以让孩子在有限的时间内抓紧滚动的弹珠，同时不被别的弹球干扰。

游戏2：障碍拍球。

准备：一个小皮球，两个矮凳。

目标：提升选择性专注力和视觉转换力。

玩法：给孩子一个小皮球，让他在这些板凳障碍中顺利拍打气球，达到指定的次数，例如，10下或20下，要求孩子在拍球时不可以撞到板凳。这个游戏帮助孩子的视觉，必须在两个物品之间做转换，如果孩子一下子看板凳，一下子看球，很容易在看板凳时拍不到球，看球时撞到板凳。因此可以训练孩子眼睛仔细地看着球，只顾偶尔瞄一下板凳的位置，就能在板凳中穿梭，顺利拍到皮球。

4. 持续性专注力游戏：兴趣和动态是持续的源动力

这是一种较为明显的专注能力，如果孩子可以持续专注一段时间，不会一下子就恍神或思绪漫天飞，就说明孩子的持续性专注力较好。

这种能力对于3岁以前的孩子来说，并不是特别难，因为当他们感兴趣的时候，持续的时间也是挺长的，而当他们不感兴趣的时候一般都会走动起来，而不会呆坐着。

所以，要想训练孩子的持续性专注力，只需要注意3点：

（1）孩子是否有兴趣，如果孩子有兴趣，就不要打扰他。

（2）跟孩子保持动态的互动，因为有人跟他玩，他专注的时间也会变得更长。

（3）父母陪伴孩子玩耍时，父母应该注意观察，当孩子想玩时，是因为他觉得刺激，有挑战性，一旦他觉得没有难度，就会转移注意力。所以父母要根据孩子的最近发展区，适时提升游戏的难度，让孩子保持挑战的兴趣，这也会延长孩子的持续性专注力。

游戏：插吸管。

准备：粗吸管和细吸管各20支，彩色胶带，剪刀。

将粗吸管剪成小段，5~8公分不等的长度，排列吸管用彩色胶带将吸管外围捆起来，成为一个花盆的样子，将细吸管的管口减数刀，再把这些分支卷曲成一朵花的样子。

玩法：

（1）让孩子拿起细吸管的吸管花，插到由粗吸管所做成的花瓶里，爸妈可以请孩子将某个颜色的吸管，插在指定的地方。

（2）如果孩子觉得太简单，失去兴趣就可以增加难度，限制孩子在一分钟内把花插完，也可以根据吸管的样式要求孩子找出爸妈指定的吸管插到指定的花瓶中。

（3）还可以与孩子进行比赛，一个负责插，另一个负责拿，看谁的动作快。

（4）还可以增加难度，让孩子蒙着眼睛，凭手的感觉插吸管。

5. 分配性专注力游戏：一心多用，雷达式收集信息

如果孩子能够同时专注于不同的事情上，同时接收多个指令，或者同时进行好几件事情而不会弄混或忘记，这就说明孩子拥有较好的分配性专注力。

这个能力对于3岁前的孩子来说，也是颇有难度的，因为他们的手脑眼协调力还没有完善，还不能同时接收多个信息。这个能力是大多数孩子都偏弱的，所以从小训练，多玩这方面的游戏，是很有帮助的。

游戏：放豆子。

准备：白纸一张，红色、绿色圆点贴纸数张，一碗红豆，一碗绿豆。

玩法：

（1）让孩子撕下红圆点或绿圆点贴纸任意贴在白纸上，两色贴纸数量不限，但不可以重叠。

（2）让孩子一次拿取一颗豆子放在贴纸上，红豆放在红圆点贴纸上，绿豆放在绿圆点贴纸上。爸妈可以计时看孩子在多久时间内可以正确地放完所有的豆子。

（3）还可以提高难度，让孩子两只手同时拿两颗豆子，放到相应的贴纸上。左右手同时开弓，孩子就会把注意力分配到两只手上，这就能提高他的分配性注意力。

3.3 专注力需被看见和鼓励

为什么随着孩子年龄的增长，有的孩子专注力越来越差，到了上学以后，有的孩子更是无法专注在学习上呢？这是因为6岁以前的孩子，主要发展的是被动专注力，也就是说外在的声音、色彩、各种各样的变化和刺激源不同，会影响孩子的专注力，就好像手机、电视等电子产品，它们都是高强度的刺激源。作为每天跟孩子在一起的抚养人，如果每天能够不断地看见和鼓励孩子专注做他喜欢做的事，孩子也一样会从被动专注变为主动专注。

我遇到过一位妈妈，她说，她时刻都在提醒自己，要配合孩子，关注孩子的心理需求。

儿子1岁多时，有一天我们决定带他到游乐园去玩，早晨一起来我就准备水、辅食、水果、尿布，爸爸只和我轮流倒班，边照看孩子边做早餐，终于一切准备就绪时，我却看见儿子站在厨房玩两个废弃的暖水瓶，他把木塞拔下来按上去，一会儿用鼻子换一下位置观察一下，再继续玩，到开心的时候还会兴奋地叫，扬起小脸笑着与我们分享他的喜悦。

"该出发了，时间不早了。"爸爸催促。

"要不再让他玩会儿，你看他这么投入，大脑一定在飞速运转呢！"爸爸点头默许。

时间过去5分钟、10分钟，他还在玩，我和他爸站在旁边等着。他爸先是提着包等，后来放下包等，再后来干脆搬了个小凳坐下来等。

就这样一个多小时过去了，出行计划彻底泡汤，但是我们谁也没有怨言，因为孩子在玩暖水瓶的这个过程中收获了惊喜，探索收获了集中注意力做一件事情的过瘾，收获了被父母尊重的感觉，我心中有微微的自豪，为孩子的专注，也为我们为人父母的耐心。

这对父母对孩子的看见和尊重是极难能可贵的，他们完全是基于孩子的成长需要来培养孩子，而不是基于自己的需求来带孩子。

"看见孩子"，我们以为很容易，其实很难，因为成人的傲慢和强势，我们极难看到孩子的需求，如果没有"看见"，就谈不上尊重和鼓励，所以那个"爱"也会打折扣。

倩倩刚满3岁，奶奶经常带她到楼下的健身小花园玩耍，我也会在每天下午放学时分，带二宝到楼下玩。

那个小花园常常有老人家带孩子去玩，不一会儿两三个老人就会聚在一起聊天，几个孩子就在健身器材上爬上爬下地自己玩了。

有一次，倩倩想爬到一个器材上面，吊上去玩。我看上去并没有什么危险，当她专心地玩了一两分钟后，倩倩奶奶发现孩子的身体在往上扑，她可能觉得很危险，瞪圆眼睛，大声地冲着孩子喊了一句："不要爬，摔死你！"但奶奶并没有动，她依然站在6米开外跟别人聊天，喊过之后，她又转身继续跟别人聊起来。倩倩愣了一下，见奶奶没管她，又企图往上爬，这时奶奶见她没有过来，又冲着她大喊："摔你不死，是不是，下来，过来，不准爬！"奶奶的身体还是没有动。

倩倩听见奶奶大声的呵斥后，并没有及时来管她，她还是想继续尝试。等到第三次，奶奶再次大声吼她时，她才心不甘情不愿地离开了那个器械，跑到别的地方玩去了。奶奶又安心地跟别人聊起天来。

我无意去评判倩倩奶奶，她肯定也是爱孩子的，她怕孩子受伤啊，怕自己担不起责任啊，可是她的心也确实不在孩子身上啊！她没有看见孩子的需求！

当然，我们不能说老人家带孩子都这样，也许有的妈妈自己带孩子，也是一样的不用心，不懂得在孩子玩耍时，怎样陪伴对孩子专注力的培养才是最好的。下面这个妈妈也是我们学习的榜样。

悠悠的妈妈是一个很用心的妈妈，每次带孩子到公园玩，孩子在攀爬跑跳时，妈妈都陪伴在孩子左右，只要不危险，妈妈离孩子就是两三米的距离，如果有一定的危险，妈妈就会靠近孩子一些，大概在两米以外，当孩子伸手需要帮助时，妈妈会及时伸出手来，当孩子有可能的危险时，妈妈就把手放在孩子身体下面，准备随时接住孩子。

有一次，我看见悠悠在爬一个直立的栏杆，栏杆有两米高，显然这对悠悠来说有一定难度，而且比较危险。悠悠爬上了第一格，然后看了一眼侧后方的妈妈，妈妈微笑着对她点点头，她又往上爬了一格。这时，妈妈就朝孩子走近了一些，但是她并没有伸出手来。悠悠看见妈妈站过来了一点，她好像得到了鼓励，又多了一些信心，往上又爬了一格。这时，当她往下看时，已经有将近一米的高度了。妈妈还是微笑地看着她，她又往上爬了一格，这时，妈妈伸出了手放在孩子的背后，但是没有触碰孩子的身体。终于，悠悠觉得自己已经不能再往上爬了，开始对妈妈喊"下来，我要下来"！妈妈就伸出了手，把孩子抱了下来。

就这样，在妈妈无声的关注下，悠悠信心满满地完成了一次专注力训练。为什么她可以如此专注呢？因为她觉得很安全，觉得很有挑战性，觉得很开心，因为她知道，妈妈随时会保护她，妈妈就在她身边。

3.4 孩子的专注力是个性化的，成人需要放弃"自以为是"

孩子的注意力是天生的，孩子的专注力是后天培养的，那我们就要在后天养育的过程中，尽量给孩子创设一个安静、安全、不受干扰的环境。

但是，这个尺度却不容易把握，每个孩子的接受度也不一样，父母们需要根据每个孩子的学习特点来把握尺度。有时候，并不是越安静越好，太安静了，大脑反而会对外在的声音更敏感，更会无意识地去寻找声音的来源。有的孩子是听觉型的，他们对声音更敏感，所以有声音反而比没有声音，能更好地让孩子专注在当下。

另外，成年人对孩子的帮助，必须要适可而止，否则帮助可能会变成"骚扰"或"破坏"。

我们一般在哪些情况下，会不自觉地干扰孩子呢？

（1）当孩子在妈妈怀里吃奶时，不管是吃母乳还是奶粉，妈妈不断地跟别人说话，让孩子难以专注地吃奶。

（2）当孩子在玩玩具时，成年人总是在问孩子，要不要喝水、吃水果、会不会太累了、要不要休息一下。

（3）当孩子玩玩具时，成年人觉得孩子能力不够，总是时不时地出手"帮忙"。

（4）当孩子玩玩具时，成年人总是跟孩子说很多"废话"。

在早教中心，当爸爸妈妈或奶奶外婆带着孩子来上课时，我们时常会看到这样的场景。

希希两岁左右，有一天她被爸爸妈妈带过来上早教课，到了自己操作的环节，她选择了一排"圆柱体插座"，爸爸坐在宝宝的右边，一直注视着孩子。当孩子拿出了4个圆柱体后，稍微停了一下，爸爸见状，以为孩子不想做了，就伸手把后面几个帮忙拿了出来。希希愣了一下，她可能没想到爸爸会这么快出手，本来她是想自己来的。

这时，10个圆柱体都放在了桌子上，希希需要把它们一个一个地对应放进插座中，她需要好好观察，因为每一个洞洞的大小不一样。当她放进了两个后，第三个总是放不进正确的洞洞里，这时，她的爸爸就拿着她的手，帮她插进了洞里。我看到希希的表情有些烦躁，可是爸爸没有任何觉察，还想帮女儿继续做完。希希一下子站起来离开了座位，爸爸还觉得莫名其妙。

是的，希希只有两岁，她不知道该如何表达她的想法和情绪。可是我看到的是，本来这是一个非常能训练孩子专注力的机会，却被"好心而着急"的爸爸给破坏了！

总之，培养0~3岁宝宝的专注力，说容易吧，真的很容易，只要跟随孩子每天好好地生活，就可以实现；说不容易吧，好像也不太容易，因为这需要抚养人放下成人的自以为是和傲慢，站在孩子的角度，真正地、科学地、用心地陪伴孩子。

第4章

安全感维度：

让孩子一出生就成为有安全感的主人

用仿子宫的环境，给宝宝建立安全感，轻松拥有幸福人生。

心理学家把孩子的安全感称为人心理的免疫系统，免疫系统是身体健康的重要防线，所以安全感就是孩子心理健康的重要底色，是未来幸福一生的重要基础。

我们每个人都是通过妈妈的子宫来到这个世界上的，我们可以想象一下，在妈妈子宫里的感觉，那是世界上最有安全感的地方。我们从小蝌蚪变成小胎儿，一直浸润在温暖的羊水里，随时汲取着羊水的营养，想吃就吃，想睡就睡，虽说身体不太自由，但是无论我们踢到哪里，反弹回来的感觉都是软绵绵的，完全被包容和接纳，这里很安静，也很温暖。

可是出生那一刻的来临，给了小婴儿穿越生死的生命体验，他从安全的子宫，降临到了一个"可怕的世界"。精神分析鼻祖弗洛依德说，每个人出生时就有死亡恐惧，就在身体记忆中种下了精神病的种子，害怕自己活不下来。所以，孩子出生后，最好的方式是，母亲变成24小时模拟子宫，用抱持、温暖、无条件喂养、接纳、无时无刻关注需求的方式，让小婴儿继续沽在"子宫"里，直到他的身体更加自由，他的感觉更加开放，他开始意识到我是我，妈妈是妈妈，那他就真正从子宫的世界来到了人类的世界。

这个过渡期可能需要一年。

那在这一年里，母亲需要怎样做才能重新建构小婴儿的安全感呢？按照社会心理学家艾瑞克森的研究，0~1岁是孩子人格发展的第一个转折点。如果母亲能成为一个无所不能、随叫随到的母亲，孩子就能获得一个良好的心理认知。

欣欣4个月了，她变得更会与家人互动，更加可爱，讨人喜欢。

有一天，爸爸把欣欣放在沙发的角落里坐着，然后拿着一顶帽子跟宝宝玩变脸。欣欣一下子就被吸引了，并且咯咯地笑起来，这是欣欣第一次发出这么大声的、一阵阵的、持续不断的笑声，欣欣看着爸爸的脸和帽子笑得全身颤抖，全家人看着欣欣从每个细胞中散发出来的快乐，抑制不住地被宝宝感染着。宝宝的笑，融化了所有人的心。

可是欣欣哭起来，也是让爸爸妈妈够抓狂的，她会用尽全身力量，撕裂般地扰乱所有人的神经。

宝宝想用这种随性而纯粹的情绪表达什么呢？他就是想尽一切办法跟妈妈互动，吸引妈妈的注意，他只有一个目的，就是从妈妈这里得到答案"我最重要""我是你的唯一""我是你的全部"。他就是想宣誓自己的存在，获得关注和满足，从而相信自己是一个值得被爱的宝宝。

如果妈妈能在一年的时间里，完完全全跟宝宝在一起，陪伴他、关注他、无条件地爱他，孩子体验到的都是美好的感觉，他就会形成好的认知："我是被爱的、我是好的、这个世界很有趣……"

可是，现实总会有意外，人生总会出现各种困难。

思思妈妈回想起孩子出生的第一年，总是忍不住想掉眼泪，也总是后悔当初无心给孩子造成的伤害。

她说，思思出生两个月就得了新生儿肺炎，刚开始宝宝只是精神差，不吸奶，后来就发烧，呼吸急促，晚上惊厥。送到医院后，住院两个星期，才转危为安。看着孩子全身插满管子，她感到非常无助和绝望。当孩子出院一个月后，思思妈妈又陷入产后抑郁的泥潭，整天以泪洗面，不想抱孩子，也不想喂奶。这样的情况，持续了将近半年，怎么都走不出来。这半年，孩子很不好带，吃不好，睡不好，还有很多莫名的情绪。

思思妈妈后来说，在她怀孕5个月时，她的爸爸突然因病过世，这件事给了她很大打击。当时因为正怀孕，她压抑着内心的痛苦，不敢把情绪发泄出来，从爸爸病危到办完丧事，她都没有掉过一滴眼泪。

067

如今思思快6岁了，因为即将上小学，妈妈开始有点担心，因为思思的安全感不足，在上幼儿园时就哭了将近一年，中班后才稍好了一些。但是她总爱自己一个人玩，看上去很安静，很专注，但是她的眼睛似乎有些空洞，总是心不在焉的样子。

这个例子也许比较极端，不具普遍性，但是它让我们认知到，0~3岁的孩子，如果妈妈状态不好，无法全身心地照顾和关注他，或者孩子在很小的时候，因生病住院，都会影响孩子安全感的建立。如果孩子在0~3岁经历了太多的痛苦体验，这对小婴儿来说也是一种迫害，他可能会形成这样的认知：我是不好的、我是孤独的、这个世界是不好的……

因此，让宝宝在一出生就成为安全感的主人，并不是一件容易的事情。这需要妈妈和宝宝共同努力，也需要家人们对妈妈和宝宝一致的关怀和支持。总之，让宝宝有安全感，是每个父母努力的目标，宝宝能否成为主人掌控自己的安全感，也是每个孩子一生都要努力的方向！

4.1 让安全感赢在"未出生"的起跑线上

这是一个关于生命起源的问题，我们是否相信生命的到来，不仅仅是看到孩子的那一刻，而是当精子和卵子结合的瞬间，那个神秘的灵魂就以我们看不见的方式，融入母亲的身体，附着在那个小小的胚胎上。

如果我们相信是这样的话，那在创造生命之初，父母就可以为孩子安全感的建立做一点"力所能及"的事情了。

1. 宝贝，你知不知道你来的时候是多么美妙！

新生命是怎么来的，因为父母的爱情而来，所以，我们不能辜负了那个爱的时刻！

这是一个二胎妈妈分享的爱的体验：

生大宝的时候，我不懂得觉察自己的身体，什么时候怀上的都不知道，而现在，我已经能全然地跟自己在一起。头几天，我没感觉到身体有什么变化，大概四五天，我感觉到右边输卵管有点胀胀的感觉，好像要来月经的样子，下腹部有些酸胀。可是过了两天，这种感觉就消失了，腹部放松了下来。这时，我感觉我的身体发生了一些变化，但是我不知道为什么。

于是我到网上查了相关的医学知识，资料显示说，精子从阴道到达输卵管后，会在这里停留下来，成熟的卵子排出后也会进到输卵管，在这里遇到精子，停留3~5天，受精后的卵子叫作受精卵，它在输卵管内一边发育一边逐渐向子宫腔移动，在7~8天后，即可到达子宫腔植入子宫内膜里，并不断地吸取营养逐渐发育成胎儿。看到这些，我更加确信了我对身体的感受。也就是说，从第二周开始，我就知道自己怀孕了。

这个小生命将经由我的身体而来，一开始，我就感受到了，我就连接上了，从此每一天，我都跟这个小生命打招呼，告诉他"我爱你"。

我想记录下自己的真实体验，这就是送给女儿成年礼最珍贵的礼物。

2. 你是谁，我在肚子里就熟悉你了！

怀孕中晚期，就可以跟肚里的宝宝玩游戏了！

很多准爸爸对孩子的感觉可能只停留在知道"妻子怀孕了"时的喜悦瞬间。之后相当长一段时间，他对妻子肚子里的胎儿都一无所知，可是随着胎儿慢慢地发育长大，准爸爸们能做的可以更多，而且一定要把握住这个与胎宝宝建立亲密关系的机会，否则过了这个村就没有这个店了。

我们在前面讲过，胎儿在妈妈肚子里时，他的触觉和听觉就开始有了。所以，亲密关系的建立，不用等到出生以后。对于准妈妈来说，从知道怀孕那一刻，就可以开始跟胎儿进行深度连接了；对于准爸爸和家中的其他孩子来说，从七八个月胎动最明显时，也可以通过跟胎儿互动玩游戏，开始建立亲密关系了。专家认为，胎教游戏，不仅可以给宝宝建立安全感，还可以刺激宝宝脑部的发育，对胎儿的身心发育非常有利。

准爸爸、准妈妈在妈妈身体舒适的情况下，可以跟胎儿宝宝玩抚触游戏、踢肚子反应游戏、轻拍肚子游戏、按压游戏、打拍子游戏，等等。同时，用语言跟宝宝交流互动也是很重要的哦，胎宝宝虽然无法听懂说话的内容，但他却可以感知声音的节奏和强度，进而分辨出不同的情感，胎宝宝可能更喜欢爸爸那种低频、沉稳的音质。与此同时，准妈妈在与胎宝宝对话的过程中，体内激素分泌也会通过神经递质输送给胎宝宝，从而使胎宝宝也产生和母体类似的感受。所以，和胎宝宝对话时不能过于随便，音量要适中，语速要缓慢，更重要的是一定要用心去连接孩子。

跟大家分享一段冥想词，我想当爸爸和妈妈分别用自己的情感和音质读出来时，胎宝宝一定能感受到爸爸妈妈对他的爱，他会非常开心地来到这个世界，因为他知道他是被欢迎的。

甚至在宝宝出生后的第一年，我们都可以继续向孩子表达，孩子会非常有安全感。

宝贝，你是爸爸妈妈的心肝宝贝。很高兴你来到这个家。我们很高兴成为你的父母。也很感谢这辈子能有你的陪伴。对我们来说，你是这个世界上独一无二的、最珍贵的宝贝。

在你未来的成长中，你不需要成为什么我们才爱你。无论你做了任何对或不对的事情，我们都爱你。我们爱你，是因为你就是你。你不需要和别人做比较，也不需要比谁更优秀。

我们就是爱你本来的样子，爱你的全部，每一个优点，每一个缺点。

我们会照顾你、陪伴着你长大。我们会尽我们的所能让你感到安全与被爱。在你身边将有很多人陪伴你、协助你、支持你，发挥你独特的天赋和才能！这个世界因为有你而更完整、更美好。这个家因为有你而更幸福、更温暖。我们真的很爱你。无条件地爱你。无论你是否优秀，是否漂亮，是否可爱，将来是否有成就，我们都会爱你。

宝贝，有你真好。爸爸妈妈永远爱你。宝贝，感谢你，谢谢你！谢谢有你!

假如你们家有大宝,也可以让大宝参与到与胎宝宝的互动当中来,大宝和小宝也一样可以建立深度连接哦!

我们一起来看看下面这个大宝和小宝的故事,看看给你什么启发?

胎宝宝7个月了,大宝已经很喜欢肚子里的小宝宝了,每晚睡觉前都要摸摸我的肚子,看看哪里突出来了,我们就猜这里是小宝宝的小手还是小脚,每个突出来的地方,他都要在我的肚皮上亲一口,有时要连续亲十几下才肯罢休。这个睡前游戏,让我觉得颇温馨和温暖。

随着肚子越来越大,我让大宝观察我肚子的变化,多了一条线,肚脐突出来了,有胎动了,大宝对这个生命越来越好奇。有一天,我跟他说,我们一起看《胎儿日记》吧,这是一个关于小宝宝出生的纪实片,可以了解小宝宝在妈妈肚子里每个月的变化。大宝看完之后问我,我也是这样长大的吗?我说,是啊,每个胎儿在妈妈的肚子里,都是这样长大的。大宝说,这是生命的奇迹。

我还会引导大宝对肚里的二宝说:小宝,我是你的哥哥,我很喜欢你,欢迎你来到我们家,我每天都看到你在妈妈的肚子里动来动去,你每动一下,我就亲一口妈妈的肚皮,我觉得可好玩了。我好期待见到你呀,我爱你哟!大宝就跟着我说一句,他念一句。

3. 妈妈,这个世界让我觉得很安全

胎儿在妈妈的肚子里,不喜欢嘈杂的声音,喜欢有规律的、有节奏的、低频率的声音和感觉。不要以为肚子里的胎儿什么都不知道,他早就明白,妈妈的身体就是一个容器,一个有秩序、有规律可循、会产生各种反馈的容器。这个容器越稳定,孩子就会越觉得安全。

可是不是每个妈妈都能读懂孩子内在的需求。

曾经有一个妈妈跟我抱怨：小宝贝已经两个多月了，黑白颠倒，晚上不睡，白天睡，吃睡完全没规律，她带得好辛苦。

我问她，你的作息有规律吗？

她说，哪来规律，带孩子这么辛苦，睡都睡不够。

我又问，怀孕时，你的作息有规律吗？晚上会熬夜吗？

她想了想说，嗯，好像没什么规律，那个时候好无聊，经常晚上打麻将。吃东西也没有规律，有一次晚上打麻将竟忘了吃东西，差点晕倒。

我笑笑说，嗯，你还是挺会反省自己的。那你觉得是因为你的作息不规律，导致小宝贝现在作息混乱呢？还是因为小婴儿太小，本来就不规律，容易混乱呢？

她说，应该不是我的问题吧，小婴儿懂什么，他们本来就不懂规律。

我说，如果照您这样讲的话，那天底下所有的小婴儿都应该作息没有规律。那您的孩子出现这样的情况，就应该是正常的，别人家的小婴儿作息很规律，反而是不正常的！

她听完后，一脸困惑。

其实小婴儿在3个月前分不清黑夜和白昼，也属于正常现象，妈妈不用太焦虑，但是如果一个妈妈认为小婴儿本来就是混乱的，没有规律的，那就是我们误会孩子了。一旦我们有这样的认知，也很难养育出一个有秩序感的孩子。

蒙台梭利早就发现，秩序是儿童生命成长中最具神秘感的敏感期，每个生命有机体在形成过程中，就由宇宙设计好了流程、结构和规律。这种秩序感，既表现在宇宙的呈现形式上，也表现在身体的系统运作中。

比如，春夏秋冬、四季运转、花开花谢、黑夜白天……宇宙失去秩序，就会有天灾。

比如，呼吸、心跳、新陈代谢、内分泌系统……人体失去秩序，就会生病。

一个胎儿在母亲的身体里，首先感受到的就是这个身体是有规律的，心跳有规律，黑夜白天有规律，吃饭睡觉有规律，他习惯并熟悉了这种规律，他的感觉世界就会形成秩序感，他的认知逻辑就会呈现出秩序的表现，他的心理就会形成秩序的内在智慧。所以，我们千万不要以为小婴儿什么都不懂，什么都不知道，其实他什么都知道，内在的感觉早已形成，只是他说不出来而已。

所以，我们要给孩子尽量创设一个有秩序的、有规律的环境，让孩子形成一个稳定的内在感觉。我常常想起蒙台梭利博士在讲到秩序感时，举一个给小婴儿洗澡的例子。

一个小婴儿，平时都是妈妈给他洗澡，可是有一次家里临时更换了新的保姆，新保姆在给婴儿洗澡时，和以前抱孩子的方式不一样，小婴儿哭闹不停，无论如何不让新保姆给他洗澡，新保姆想了很多办法也不管用。后来妈妈回来了，重新给他洗澡，小婴儿马上就不哭闹了。妈妈发现，新保姆抱孩子的方式不一样，妈妈给小婴儿洗澡是从头洗到脚，新保姆却是从脚洗到头。

4. 对不起，我还没出生就病了

孩子安全感的建立，不仅仅是从出生才开始的，在更早的胎儿期，就已经开始了。

这是我在夏令营中遇到的一个孩子，当时孩子已经9岁了，可是他所呈现出来的行为和状态，极度没有安全感，让父母和老师都为他担心。

从这个孩子身上，我更加看到生命起源的重要，对于生命，我们只有带着敬畏之心，才能真正理解和接纳生命承受之重。

这是发生在我身边的一个真实的故事。

6年前，我们的夏令营从外地来了一个9岁男孩，妈妈说孩子这两天在发低烧，应该问题不大，孩子的精神状态也还可以。开营第一天晚上，他跟一位男老师睡一间房，8点多钟，男老师告诉我，他有点流鼻血，老师帮他做了处理，接着9点钟，他就开始闹情绪，一直哭闹着要打电话给妈妈，说要回去。

我们当时就懵了，不知道发生了什么，孩子为什么吵着要回去。而且在电话中，他第一句话就说：妈妈，我快要死了，你快来接我吧。老师们都吓坏了，我们不知道要怎样跟家长解释。

在孩子跟妈妈打完电话之后，我跟孩子的妈妈做了沟通。在电话中，妈妈跟我讲了孩子出生的故事。在她怀着孩子7个月的时候，医生B超检查出孩子的某个器官有问题，建议她把孩子拿掉，当时的她非常痛苦，经过非常艰难的考虑，最终她还是决定把孩子生下来。于是孩子一生下来就动了一个大手术，接下来就是长达几年时间的护理，而夫妻关系也在这个时候出现了裂痕。

虽说现在孩子的身体已经没有什么大问题，但是孩子情绪化非常严重，不管发生什么事情，对于他来说，就像是天要塌下来一样。在孩子小的时候，他不会表达，就是不停地哭闹，长大一些了，他动不动就会说"我要死了"。所以，这几年，带养这个孩子让妈妈非常艰难，不断地被老师投诉，婚姻也出现问题，妈妈已经用尽了所有的耐心、方法和精力，都很难改变孩子，很难看到希望。

后来在整个8天的夏令营活动中，这个孩子成为所有老师关注和保护的对象，因为他极度缺乏安全感，他会不断地跟同学发生冲突，别人不经意的一句话，就会引发他的激烈情绪。

我像保护一个小婴儿一样的，小心翼翼地跟这个孩子相处，他也会慢慢跟我敞开心扉。

可惜夏令营的时间太短了，我们没有办法帮助这个孩子修复出生时的巨大创伤，但是我发现生命中总会有奇迹，当他不愿意融入集体，一个人独处时，他给我画了一幅画像，非常逼真，让我啧啧惊叹！

这位妈妈为了孩子，也走上了心理学的学习之路，她成了一个不平凡的母亲。她在给孩子建立安全感这条路上，越走越深入，她也为自己获得人生的安全感，创造了最大的可能性。

孩子用什么方式来到这个世界，不是父母能选择的，但是孩子用什么方式来度过人生，父母是有一定的选择权的。与孩子一起完成人生的修行，共同修得各自的境界和人生，这也是一种人生的大圆满吧！

4.2 给孩子建立安全感的第一责任人

1943年，美国著名的人本主义心理学家马斯洛，提出了人的五大需求层次理论，首次提到人有"安全的需求"。他认为，安全感是决定心理健康最重要的因素之一，甚至可以被看作是心理健康的同义词。儿童在早期有两种基本的需要：安全的需要（生理、吃穿、排泄）和满足的需要（爱抚、依恋），这两种需要的满足完全依赖于父母，当父母不能满足儿童这两种需要时，儿童就会产生焦虑，就会缺乏安全感。

父母是给孩子建立安全感的第一责任人，我想这是一个毋庸置疑的观点。按道理来说，只要父母足够爱孩子，给孩子满满的爱，孩子就应该有安全感。可是现实状况却是每个父母都爱孩子，很多孩子却没有安全感，这是为什么呢？因为有的父母自己还是一个没有长大的孩子，有的父母不懂得怎样爱，才能爱到孩子的心里去。

例如，如果父母总是说欺骗孩子的话，或者一生气就说"不要孩子"之类的气话，或者说话不算数，动不动玩消失……这些行为和语言，都会让孩子没有安全感。可是这些父母是爱孩子的吗？是的，他们希望孩子听话，希望孩子没有危险，希望孩子不要难过，希望孩子不要给自己带来麻烦。他们也想尽到做父母的责任，只是常常力不从心，有无奈无助之感。

要做一个给孩子建立安全感的第一责任人，不是那么容易的！需要走上一条自我觉醒之路，还要走在孩子年龄增长的前面，跟随孩子一起进步和成长。

1. 安全感妈妈的自我修炼

小婴儿要存活下来，既需要生理营养也需要心理营养，相对来说，生理营养容易满足，心理营养不是那么容易做到，0~6个月的小宝贝最重要的心理需求是：被无条件地高度接纳和关注。

正常来说，这些都不是问题，可是每个家庭的情况不同，每个妈妈的心理状态和社会成熟度不同，诸多因素会影响到母亲是否能够负起母亲的责任。如年轻的父母是否有较大的经济压力；夫妻关系是否已经磨合顺畅；母亲是否真正在心理上从女孩转变成了母亲；母亲的情绪能力和责任感是否足够等。

如果一个母亲只是出于责任养育孩子，而非真正享受做母亲的过程，那她就会时刻感受到压力和负面情绪，最终变成带孩子的煎熬和心力交瘁。

所以，母亲想要有一个良好的抚养状态，并给孩子带来安全感，她必须进行自我修炼，享受做母亲的幸福。

这一点是不容易做到的。

曾经有一位妈妈问我："我是一个没有安全感的妈妈，带孩子让我时常感到焦虑烦躁，我的孩子也会没有安全感吗？我很担心孩子将来跟我一样。"很不幸的是，真的会一样。心理学家早已经给出了答案：如果母亲属于没有安全感的类型，孩子就会成为跟母亲一样的非安全感类型。

一个没有安全感的妈妈为什么会烦躁，因为她对孩子有太多的期待，期望孩子成为她心目中的好孩子，这样她才会是一个好妈妈。而只有她本人的安全感和价值感足够时，只有当她不必再怀疑自己是不是够好时，她才不需要通过"好妈妈"来证明自己是个好妈妈，这样她才能轻松地、自信地带好孩子。

这是一个不完美妈妈的安全感成长故事。

大多数人眼里，我是一个独立、自信、有主见、果敢、坚毅的女人，但是在我爱人眼里，我是一个不会撒娇、不会温柔、不懂灵活、不知妥协、清高傲慢、操控欲强的女人。

在婚姻里，我是一个经常担心被抛弃、被背叛、被忽视的女人，我常常感到自己内心里"爱"的匮乏，总想从先生那里抓取"安全感"。

每当孩子不高兴时对我大喊"我恨你，我讨厌妈妈，你不是个好妈妈"

我就心如刀割，愤怒难过，五味杂陈。我怨恨孩子，为你付出了这么多，却得到这样的评价。

以前我不知道这是缺乏安全感的表现，直到后来开始学习心理学课程，才意识到，我是一个没有安全感的妈妈和妻子。原来我的控制欲、硬骨头、自命清高、固执不灵活、心理上容易受伤，都跟安全感有关。在婚姻中，爱人可以理解我，包容我，但是在亲子关系里，孩子又怎么能理解我呢？

后来，我一边向心理学老师学习，一边向孩子学习，开始了自己的重生之旅！

老师说，每个人都有自我修复和自我疗愈的能力，只要我们有"想改变"的决心，冥冥中，老天就会给我们送来礼物，给我们机会。我想，孩子就是老天派来成就我的吧！

从那以后，带孩子时，我就全身心地跟孩子在一起，一起玩，一起疯，我发现放下担心和操控，我对孩子的信任更多了，我的心灵也变得更加柔软、轻盈了。

猜猜孩子的心思，对于我来说也是一种训练。以前我总是不知道她的哭到底是为什么，一直猜不中，我就很烦躁。后来我发现是因为自己的敏锐度和换位思考力不够，我感受不到别人的感受。我就更加耐心地，想办法尽量去猜，把心静下来去连接孩子的感受，通过近半年的连接，我跟孩子有了更多的默契，孩子对我也更加信任了。

把宝宝当人看，而不是把孩子物化。以前照顾宝宝我就是为了完成任务，因为每天都有做不完的换尿片、擦屁股、喂奶、洗澡……在我的眼中，只有事情没有宝宝。后来我从孩子的笑容里，身体的渴望里，看到在孩子眼中对妈妈的"爱情"，我意识到我可以从宝宝那里重新体会"一日不见如隔三秋"的浓浓爱意，这不就是一种"爱的疗愈"吗？

以前，我总想做一个完美妈妈，尽自己所能地为孩子付出一切，不愿意接受孩子的负面情绪，深怕不能得到孩子的认同。后来，通过好几年的学习，我终于认识到我本来就是一个好妈妈，我不需要向孩子证明自己，我也不需要追求完美。我已经不是一个小孩了，我不需要像一个小孩一样去讨别人的喜欢，证明自己的优秀，我本来就是一个好妈妈。从深入地觉察到完全接纳自己，我花了5年的时间。

2. 没有人能替代妈妈的角色

母亲是这个世界上最辛苦又最幸福的角色，是最不可替代又最重要的工作。做一个孩子心目中的好母亲，真的要付出很多，不管是时间上的，还是精力上的，母亲永远都要站在孩子目光所及的尽头。

但是在这里我想说的是，也许母亲的身份没有人可取代，但是母亲的位置却很容易被取代，一个是因为母亲自己的放弃，一个是因为别的家人过于承担责任，一不上心就站在了母亲的位置上。当然，事实上，如果母亲稳稳地站在自己的位置上，任何人是取代不了的。但是"在其位就要谋其政"，如果母亲只是在这个位置上，但并不做母亲该做的事，那她只是空有其名而已。这种情况，在当代年轻人中并不少见。有些妈妈只是生了孩子，并没有花太多时间养育孩子，所以，母亲的位置其实是空的，或者说是别人站在那里，在孩子心目中，你只是一个名称意义上的母亲。

还有另外一种情况是，有的妈妈很有责任心，很想成为一个好妈妈，同时家里还有一位同样有责任心的长辈，他们也想做一个"好妈妈"，于是矛盾冲突就出现了。因为一个孩子只能有一位"母亲"，于是两位母亲就会开始一场"抢夺战"。

下面的案例，我听很多女性跟我讲过。

我千辛万苦地把孩子生下来，刚从医院回家3天，婆婆居然跟我说，孩子她抱走来带，你们自己过自己的日子。我觉得好无语，那我生孩子是为了什么？这时，老公也没有一句想承担带孩子责任的话，这让我更加崩溃。带着满怀抱怨的情绪我回到娘家向父母哭诉，可是父母说有人帮你带孩子还不好吗？不要那么矫情，等孩子再大一点就好了。我又带着满腹的委屈回到婆家。

可是，依我的性格哪里是可以当玩具被摆弄的，所以，坐月子的日子，我和婆婆就已经弄得鸡飞狗跳，爱人懒得理睬我们的战争，每天早出晚归，深怕战火烧到他的身上。

刚开始，每天喂奶，婆婆把我当喂奶机器，孩子哭了就抱给我，喂完奶了，她就抱走。还美其名曰：你在坐月子，身体还没恢复，要多休息，我来照顾孩子。这个话听上去也在理，虽然我心里不舒服，但是也没有表现出一定要跟她抢孩子。

可是出了月子，婆婆还是这样，我就不干了。于是，我们每天都在为争带孩子暗暗较劲儿：孩子哭了，看谁以最快的速度抱起孩子；婆婆做家务做饭时都把孩子背在背上，无视我的存在，我就故意常常关起房门不让她进来；她老是指责我，说孩子哭了是因为我的奶水不够，我就怼回去：那你来喂啊！

后来，随着孩子不断长大，我慢慢明白，婆婆跟我一样，都是一个超级负责任的妈妈，她就是这样的性格，她就是想证明自己在这个家里的价值，她并不是故意要取代我作为母亲的位置。

所以，我并不需要去跟她争什么，我本来就是孩子的妈妈，只要我自己不让出自己的位置，只要我愿意对孩子负起完全的责任，没有人能替代我的位置。

我们看到，这是一个很传统的中国式家庭，一个为家庭操劳一辈子的婆婆，一个愿意为孩子负责任的妈妈。为了孩子和家庭，她们的想法都没有错，但是如果两个人的位置没有站对，确实很容易引发家庭矛盾。不管是父母还是祖父母，我们每个人只有清晰地、稳稳地站在自己该站的位置上，这个家才是有秩序的、和谐的。

但愿每一代父母都能做一个负责任的父母，如果每一代父母都为自己的孩子负好责任，那每一个家庭就能和谐良好地运作，每一代孩子就能幸福快乐地成长。

3. 爸爸爱妈妈，孩子更有安全感

这是一条心理学家早就论证过的"家庭幸福法则"，适用于孩子成长的每个阶段。当然，妈妈爱爸爸，孩子更有信任感，这也是一样的绝对真理。

爸爸因为没有经过十月怀胎，跟孩子的连接是断的。很多爸爸在妻子生产时，虽然会感到紧张，但是他们也会觉得无所适从，不知道从何下手来迎接这个小生命。如果爸爸们真的不知道怎样带孩子的话，爱孩子的妈妈也是一种更实际的方式。

我曾经在抖音上看过一个小视频，爸爸妈妈故意在双胞胎孩子面前打打闹闹，让孩子觉得是爸爸在欺负妈妈，结果两个小宝宝义无反顾地选择保护妈妈，去阻止爸爸。这个场景让我们觉得好笑，其实在孩子心目中，妈妈肯定比爸爸更重要，孩子会更爱妈妈。所以，如果爸爸"识趣"一点的话，就应该对妈妈更好，让孩子感受到爸爸也爱妈妈，孩子就会更爱爸爸，更觉得这个家有安全感。

老公爱老婆，本来这是每对恩爱夫妻的日常，但是对于一个新家庭来说，从二人世界变成了三人世界，大家都有很大的不适应感。孩子就像一个"第三者"，突然杵在了夫妻之间，让三个人的"舞蹈"跳得不太自如和谐。还有一个心理变化是爸爸们比较容易忽视的，一个女性从怀孕到生完孩子的第一年，这两年间女性不仅要承受身体的变化，还要面临失去"自我"的可能，她们在这两年特别需要得到爸爸们的支持和关爱。

一个妈妈在结婚几年后，幽幽地说：

现在回想起来，生孩子那一年是我的恶梦。

在医院住了5天后，我就回婆婆家坐月子，爱人可能觉得反正有他爸妈照顾，他仅仅休了3天就上班了。我觉得那是一段叫天天不应、叫地地不灵的日子，在情感上和精神上得不到爱人的任何支持，我就用不断地跟家婆起争执来吸引爱人的关注。因为，只要我跟家婆一吵架，他就会回家来陪我。

我都觉得自己那段时间有病，现在回头来看，可能就是产后抑郁了吧！

爸爸爱妈妈本来也不是什么难事，但是在生了孩子的第一年，确实还是挺难的一件事，因为新生活需要有新共识，新生活需要有新的变化。在带孩子的第一年，如果夫妻俩还在为谁更辛苦而争执的话，就会给孩子和家庭带来很多的不安全因素；在带孩子的第一年，如果丈夫不能很好地理解太太的情绪和失去"自我"的痛苦，夫妻矛盾也会成倍地增加。所以，我认为爸爸爱妈妈最好的方式就是，爸爸在外做男人，爸爸回到家也要做一个失去"自我"的爸爸。这样，爸爸妈妈都失去"自我"，孩子就最幸福了。

具体要怎样做呢？

爸爸有事没事多跟太太说说话，聊聊天，帮她做一个"身体SPA"按摩按摩，多逗太太开心，太太的情绪好了，身体自然就好了，身体好了，有了更好的精力带孩子，孩子就更开心了。

爸爸有事没事多跟宝宝玩，与宝宝多互动，把宝宝举高高。因为专家们说，宝宝会从被抱的感觉中，区分出爸爸的感觉，爸爸抱孩子，有力而舒展，会让孩子很有安全感。同时，孩子多跟爸爸玩，能够刺激孩子的大脑，让孩子的智力得到更好的发展。

有一点要提醒一下妈妈们，爸爸也会通过爱孩子来表达对妈妈的爱，只是妈妈需要给爸爸多一些信任，妈妈越放手，爸爸会跟孩子建立起更深的连接。男人和女人爱孩子的方式不一样，妈妈对孩子的爱更有生存的安全感，爸爸给孩子的爱更有力量的安全感。

新生儿的爸爸妈妈们还要知道这样一个事实，著名社会学家勒马斯特指出：有83%的夫妻在第一个孩子出生后，经历了半度或重度的婚姻危机。所以，如果夫妻俩不能很好地携手走过孩子0~3岁的阶段，将会对未来的婚姻品质埋下深层的隐患。

4.3 重视1岁前的每一次"分离",就是在一点一点建立安全感

1岁以前的小婴儿,他们头脑中的世界和成年人的世界不一样。他们的世界里有一个眼花缭乱的"梦",睁眼看到的世界和闭眼看到的世界是不一样的。

心理学家皮亚杰认为1岁以前的孩子还不懂得"物体恒存"的概念,所以,看不见熟悉的一切,就好像世界毁灭一样可怕。

也因此,"分离焦虑"成了小婴儿最常见的情绪,当熟悉的人或物从眼前消失,他就会感到害怕,好像生离死别一般。小婴儿不愿意闭眼睡觉,我想可能也有这样的原因,他们没有建立起预测性的认知,其实这也很容易理解,假如我们知道身边最亲的人永远离开我们,不再回来,我们也会感到焦虑和害怕。在那个当下,我们最需要的是安慰和陪伴,孩子也一样。

所以,我们要重视孩子的每一次"分离体验",让他们感受到害怕,感受到支持和接纳。

1. 频繁换地方,我不能安睡

有秩序感的环境会让孩子产生安全感,当孩子的内在秩序和外在秩序是匹配的,孩子最有安全感。

作为一个婴儿,当他能看到这个世界的时候,他能做的第一件事是把生活环境中所有的因素固定下来作为一个模式,所以我们要注意家居和环境内所有物品的使用、摆放及归位,不要让人为的因素干扰到孩子关于秩序的建构。简单地说就是,当物体"各就各位"时,孩子会显得愉快、安宁;反之则焦虑不安,甚至哭闹不止。

蒙台梭利博士曾举过一个事例:一个不到1岁的孩子,中午睡觉后一睁开眼睛,看到桌子上他就哭,妈妈不知道怎么了,她顺着孩子的方向看过去,发现桌子上有个花瓶,里面有几枝花,这是她中午刚放上去的。她以为孩子想要,

就把花瓶拿到孩子的摇床前，可是孩子还是哭得很厉害。妈妈不知道为什么，把花瓶放回去后，就去抱孩子，可是孩子还是指着那个方向，后来妈妈好像明白了什么，把那个花瓶拿了下来，孩子不哭了。

现实生活中，因为各种状况，我们可能并不能完全做到生活没有变化，但是我们可以理解孩子，接纳孩子的情绪，并耐心地安抚，而不要无谓地焦虑担心，从而更加让孩子陷入焦虑中。下面这个案例来自我们家。

小宝6个月时，端午节放3天假，大宝说想4个人一起睡，我和爸爸就想办法买回了一个地柜，把床跟窗台连了起来，这样就能睡下4个人了。然后我把旧席子拿去给了奶奶用，铺了新床单，换了新席子。这下可好，小宝下午哭了1个半小时，晚上也不肯睡，第二天上午睡觉时看到新席子新床单还要哭。奶奶说，这是因为小宝长本事了；爸爸说是因为我刚才给小宝做按摩，吵了她的瞌睡。其实都不是，这张床三天变了三回，让小宝心里不舒服呢！我没有再跟爸爸他们争什么，只有紧紧地抱着她，告诉她，现在的床是什么样子的，为什么要这样变化，还放了她熟悉的音乐。但是毕竟已经变不回去了，我辛苦地折腾了一天，她也哭累了，最后还是睡着了。

小宝4个月时，外婆说想小宝了，我就带她回了一趟妈妈家。虽说在回去前，我就有思想准备，也提前跟外婆说了一下，但是没想到第一个晚上睡觉时还是折腾得够呛。如果按平时，到了晚上7点多，喂完奶她就可以睡了，但是今晚不行，一直哭，一放到床上，就哭得更厉害。抱起来到处走，也哭。就这样哭哭停停，大概两个小时，外婆心理有点受不住了，不停地问我，怎么办？孩子是不是生病了。我说不是，认生呢，认床呢。外婆说，那就换床单，换个浅色的，我说不用，整个环境都变了，不只是床单的问题，她需要时间来适应。

然后，趁她不哭时我就把她抱到房间，对她说，小宝，我们现在在外婆家，你看到跟我们自己的家不一样。这里的床单是花花的，房间的墙是绿色的，柜子是黄色的，灯光比较暗，这里让你觉得不舒服，不安全，是吗？妈妈知道，妈妈一直在你身边陪着你哦，你很伤心，很难过，你不知道这是什么地方，你只想回到平时熟悉的那个地方。我告诉你呀，这里是外婆家，跟我们的家不一样，妈妈会一直跟小宝在一起，这里是很安全的，妈妈会陪小宝一起睡觉，一起吃奶，一起玩，一起笑，妈妈会保护小宝，妈妈会一直陪在你身边。妈妈很爱小宝哦！

当我跟她说这些话时，小宝就安静地听着，不哭也不闹。就这样，第一个晚上折腾到10点才睡，第二天晚上好一些，也哭到快9点才睡。之后就比较正常了。可是，一个星期后，回到我们自己家，第一天晚上，也折腾了快一个小时才睡。

后来，大概每两三个月，我都会带小宝回一趟妈妈家，当小宝7个月时，我们再回去，她就没有像以前那么认生了，中午晚上都睡得极好，偶尔也会让外婆抱抱，但是洗澡、睡觉、喂米糊，还是要我来。通常，我都会带好多东西回去，如玩具、毛巾被、洗澡包巾、碗勺、口水兜、小毛巾等。我妈妈说，这边都有，我都洗了晒了，都是干净的，干嘛每次还要带这么多，我说，为了让小宝有安全感，这些都是她熟悉的东西。

唉，这就是懂孩子和不懂孩子的区别吧！

2. 妈妈今晚不在，我的心何处安放

找妈妈，想妈妈，妈妈在哪儿？这是小婴儿内心最大的焦虑。他希望随时能跟妈妈黏在一起，他希望通过一切方式把妈妈留在身边。可是因为种种原因，妈妈总有要离开的时候，怎么办呢？孩子就是在这个过程中不断学习，让情感和理智完美过渡。

小宝刚8个月时，有一次我需要晚上外出讲课，整整5个小时（6：00离开，11：00到家），这是我第一次在晚上不能带小宝睡觉。

后来爱人告诉我，小宝就一直不睡，不哭也不闹。奶奶和爸爸轮流抱，去了江边看跳舞，还去别的小朋友家里玩，反正就是不睡觉，只要一进房间，她就哭，只能待在客厅。后来到了9点钟，奶奶想抱到楼下走一走吧，也许走着走着小宝就睡了，结果走了半天，小宝还是不睡。直到10：15，她实在困得不行，终于睡着了。我10：45回到家，看见奶奶一直抱着，不敢放下。10：55小宝又醒了，然后我给她喂奶，以为她边吃奶会边睡着，谁知喂完奶后，根本放不下，一放就哭，然后她又在我怀里哭了1个小时才睡。

我们能想象吗？这个宝宝经历了一次怎样的煎熬和挣扎，因为太小不能说话，她只能用哭或沉默来表达。如果爸爸和奶奶不能接纳孩子的不安情绪，对孩子不断指责，那对孩子就是二次伤害，如果妈妈这么晚回到家，看到孩子还不睡，再对孩子不耐烦，那就是三次伤害。从此，宝宝对妈妈和家人的信任就会大打折扣。

当然一次突发事件的偶尔发生，并不会形成创伤。有的妈妈可能会想，我不可能不上班呀，分离是必须的。是的，但是我们每天早上离开，晚上回来，这对于孩子来说，也是一种规律。只要形成规律，孩子就会慢慢适应这种变化，而且他会产生预感，比如感觉晚上7点钟左右，妈妈就要回来了，他就会在门口等或指着门口要出去。

作为妈妈，我们不是要追求完美，但是我们一定要知道怎样做才能避免给孩子带来更大的"伤害"——分离恐惧。

3. 孩子产生"分离焦虑"，妈妈化身为疗伤专家

每个孩子应对"分离焦虑"的表现不一样，有的孩子会发烧，有的孩子会呕吐，有的孩子会哭闹，也有的孩子看不出有巨大变化。

当然，如果妈妈具备一些专业的安抚能力，就能给宝宝脆弱的心灵注入新的心理能量，宝宝也能快速获得心理成长。

分离时刻，要怎样跟孩子告别呢？让我们来看看这个"分离故事"。

中午吃完饭，我要准备走了，这一次要出差10天。因为午饭后是妹妹的睡

觉时间，我不想让她一醒来看不见妈妈，我决定提前出发。

我把行李箱拿到门口，然后就去抱小宝，她以为我马上就要走了，还主动跟我拜拜。我亲亲她说，你送我到马路边吧，看着妈妈离开。小宝很高兴，我把她放到小车上，奶奶推着她，我拖着行李箱，我们一起出了门。

来到马路边，停下来后，小宝就开始不高兴了，扭扭捏捏的样子，但没有哭。我蹲下来问她，妹妹，你是不是很不开心，因为妈妈要走了，小宝点点头。我又说，妹妹心里觉得很难过，小宝又点点头。我接着说，妹妹很不舍得妈妈走，小宝又点点头。然后，我就抱起她，把她紧紧地抱到怀里。

奶奶在旁边有点不耐烦，不停地催我，走吧，时间不够了。我说，没事，我已经把时间留出来了。然后，我把小宝抱到另外一边，继续跟她说话。

我说，妹妹，妈妈也有点不开心，妈妈也有点难过，因为妈妈今天离开后，在这10天里，我也看不到妹妹了，我好舍不得啊！我好想跟你玩啊，我好难过啊！我也想哭了。

小宝听到这几句话，平静了一些。因为她感觉到，我们俩是同样的心情。

然后我继续说，妈妈很爱妹妹，妹妹也很爱妈妈，我每天都会想你的，我一有时间，就会给你打电话，好吗？你喜欢打电话吗？妹妹点点头。

好了，你在这里，坐在车上，看着妈妈离开，妈妈要往这边走（我指了指离开的方向），我会拉着箱子，边走边跟你挥手哦！你也跟我挥挥手，好不好？妹妹点点头。

后来，奶奶告诉我，推她回家的时候，走了约50米，妹妹就在小车上睡着了，她还说，"妈妈走了，妹妹要睡觉了"。

小宝在瞬间好像又长大了。

孩子生病了，我要怎样安抚宝贝呢？

小宝快1岁半了，我开始筹划起外出学习的事情。

那时还没有断奶，在结束完两天的课程后，我急匆匆地赶回家。奶奶说，小宝晚饭没吃，一直哭，没有精神，好像发烧了。我一摸，果然全身滚烫。爸爸赶紧去买退烧贴，我尝试着给小宝喂奶，她吃了一点点，就不吃了。我想把她放到床上，但是放不下，于是我只好把她抱在怀里，她就睡一会儿，醒一会儿，我们又给她物理退烧，就这样一直折腾到晚11点。

到了这个时候，我也很累了，为了晚上能睡得好一些，我抱着小宝，一边摇，一边摸背，一边给她默念：小宝啊，妈妈知道你发烧了，很难受，对不对，你的头很痛，你的身体很热，你很不舒服。妈妈知道哦，妈妈一直在陪着你。这两天呀，你没有看到妈妈，你觉得害怕，你好想知道为什么妈妈不见了呢？当然，我也告诉你了，妈妈要外出学习两天，可是你哪里知道什么叫"外出学习"呢，你只知道妈妈不见了，所以，你好难过，是吗？现在呀，你在用身体告诉我，妈妈，这两天你不在，我很害怕，我好想你啊，我好担心你啊，妈妈什么时候才会回来呢？于是，你的身体就发烧了。小宝，对不起啊，妈妈不应该离开你这么久的，你这么小，你多么不希望妈妈离开，你多想妈妈一直陪在你身边，天天都能看到妈妈。对不起！请你原谅我，好吗？谢谢你用生病的方式来提醒妈妈，你要多爱我一点哦，你要多关心我哦，是的，无论妈妈在不在你身边，妈妈一直都想着你，爱着你呢！现在，妈妈回来了，你不需要再用这种方式，用让自己生病难受的方式来提醒妈妈了，妈妈会一直陪着你，让小宝的体温赶紧退下去吧，小宝的身体快点好起来吧！

就这样，我小声地默念了一个小时，同时在心里不断为小宝祈祷！一个小时后，小宝终于慢慢睡着了，两个小时后，我再摸她的小身体，烧已经退下去了。

妈妈出差回来了，用12个字回应孩子的撒娇！

回来的那一天，是晚上6点钟，我一进家门，小宝很高兴，跑来让我抱，我们就深深地抱在了一起。但是一会儿后，我说妈妈手痛，腰酸，不能站着抱了，只能坐着抱，小宝说好，坐着抱。然后，我们两个人就坐到沙发上，一直默默地抱着。

到了吃晚饭时，我把她放到餐桌旁，她就开始哭，不太想吃，我边吃边问她，是不是还想妈妈抱，她说是，我就马上把她抱过来，放在腿上，边吃饭，边抱着，她也不想吃。奶奶在旁边取笑她说，真是娇气包，妈妈不在的时候，好好的，妈妈一回来，就撒娇。我阻止了奶奶继续讲下去，我说，小宝是因为太想妈妈了，她可以这样表达自己的感情。

吃完饭后，我问她是否要下来，她还是不愿意下，一直小声地哭，后来爸爸回来了，我说让爸爸抱抱吧，她也不愿意。就这样，小宝在我的怀里，断断续续地一直哭到8点，我说去洗澡吧，我们到了床上妈妈再抱你。但是，她不说话还是哭，我只好继续猜，小宝不想洗澡，是吗？她点点头。我说好，可以，我们就抹一下脸，洗洗屁股和脚就可以了，好吗？爸爸抱，妈妈洗。小宝还是不同意，爸爸根本不能碰。于是，我又说，妈妈抱，爸爸来帮妹妹洗，这下子她同意了。然后我就一直又抱到床上，然后跟她讲我每次回来，都要讲的那些话：我知道妈妈出去学习这么久，妹妹太想妈妈了，妹妹太爱妈妈了，妹妹觉得好难过，妹妹现在不想说话，就是想一直这样跟妈妈在一起，被妈妈抱着，妹妹觉得好温暖，好安全……直到慢慢地睡着。

这是一个两岁多的宝宝表达思念和情绪的一种方式，我感受到一种沉默的、浓浓的情感在流动，它是细腻的，它是隐忍的，它也是含蓄的，这是一个小女孩表达情感的特别方式。

第5章

自我维度：

寻找"我是谁"，是走向独立的开始

建构自我意识，是为了成为独一无二的自己。

马斯洛有一句名言："人的一生能做的只有一样，就是创造一个你自己！"是的，我们一生都在创造"我自己"，其中源头的创造更重要，那就是自我意识高度爆发的第一阶段——0~3岁。

0~3岁的这3年，宝宝的自我意识由一个一个的念头构成，不断增强，慢慢积累，直到有一天爆发出来。这个阶段，宝宝要完成的最重要的任务就是：成为他自己。可是，要想真正实现这个目标并不容易，他会发现，当我想怎样时，并不能时时都能怎样，他必须要不断抗争，不断尝试，才能适应这个"强势"的世界。在他实现自我的过程中，他必须依靠成年人才能活下来，才能活得好。因此，他还需要观察这是一个怎样的成年人，他需要感觉这是一个怎样的环境，然后生出适应这个环境的"意识"。

天天跟孩子在一起的主要抚养人，对孩子自我意识的建构会产生巨大影响。抚养人越是让孩子往自己的内在去建构，按自己内在的声音去行动，他就越能做他自己。可是如果成年人不允许孩子听他自己的，而是非要孩子听成年人的，那他的自我意识就会越来越弱，这样的时间持续3年，足以让一个新生命对自己产生怀疑，对世界产生深深的无力感。当两种声音在头脑里不断打架的时候，到底该听谁的，孩子可能会因为活下来而选择放弃自己的想法，屈服于成人的要求。

当然，我们并不是说成年人不能对孩子提任何要求，不能对孩子说"不"，而是说在自我意识和他人意识之间，每个人如何找到"界限"的平衡点。既不随便侵犯他人的意识，也要保护好自己的意识。孩子在这3年里需要不断学习，成年人也需要有意识地学习和调整、改变。

当一个幼儿在心理层面意识到自己不能做自己时，他就会产生这样的认知，做自己不重要，被成年人接受更重要，自己的想法不重要，成年人是否开心更重要。这样的孩子慢慢长大会变成怎样的人呢？他的内在没有主人，任何人都可以在他的身心之间穿梭，他会把别人的声音当作自己的声音，把别人的需求当作自己的需求。他也可能把心门从此关闭，不知道自己要成为一个怎样的人，也不知道自己的未来在哪里，如何掌控自己的人生。更严重的是，他将来可能会抑郁、厌学、没有目标、得过且过，成为"啃老族"，让父母操碎心。

我想，任何一个父母都不希望自己的孩子有这样的未来，如果真的不想，那就允许孩子在自我意识敏感期，用尽他全部的热情和专注力去建构自己吧。一个孩子只有在这个阶段，完全以"自己为中心"，找到他内在的力量和强大感，他才能走出自恋，成功地与他人和社会产生界限，否则一个没有"自我"的人，无法理解和尊重别人的"自我"。

5.1　0~3岁宝宝的自我意识发展里程

世界各国的心理学家对婴幼儿的自我意识发展，做过很多研究，如主体自我、客体自我、镜像研究、红点实验……我们作为父母可以不了解这些专业概念，但是我们需要了解孩子在不同阶段呈现的基本成长特点。

有的人认为，刚出生的婴儿没有自我意识，有的人认为有自我意识。我觉得这是大家理解的角度不一样。每个婴儿一出生当然是有意识的，但是对"我"的意识显然是没有的。

自我意识是指人对自己及自己与他人关系的认识，自我意识不是天生的，而是受社会生活条件制约，在后天的学习和实践中慢慢形成的，它的发生和发展是个复杂的过程，并将终其一生去完善。

0岁：婴儿出生时同世界是一体的。

一周：一直以来专家都认为，刚出生的婴儿，完全没有自我意识，他们的一切反应都是生理反应，本能的反应。刚出生的婴儿根本不会区别自己和别人。如果我们把新生儿的手指或脚趾塞进他自己的嘴里，他会毫不迟疑地张嘴就咬，一直咬痛了才松口。在很长一段时间里，小婴儿不知道自己身体各部分是属于自己的。

一个月后："自我"变得清晰一点了。宝宝在这个时候，会认为自己就是世界的中心，一切都与自己有关系。宝宝会感到"我可以通过哇哇大哭，让妈妈来抱我"。

6个月左右：5个月时，婴儿吃手、吃脚，把自己的手脚当物体来玩，开始出现自我感觉，意识到自己身体的存在。

6个月时，逐步意识到自己和妈妈不是同一个人，自己跟妈妈是不一样的。当我需要妈妈时，妈妈不一定会马上出现。他们会摇手，会发出"伊呀"声，来发出指令，表达自己想要干嘛的需求。

8~10个月：婴儿对镜像表现出了兴趣，他会注意镜中出现的某一形象，但他仍不能区分自己的形象与他人形象的差异，会对着镜子里的妈妈微笑。直到快1岁时，才能够认识到自己是镜像动作的来源，能区分自我形象和他人形象。

1岁左右：婴儿对家中摆放的各种物品产生兴趣，喜欢把物品拿起并扔掉，我们越是把东西一样样收拾好放回原处，他就越是扔得带劲。这时孩子的自我意识又进了一大步，因为他开始意识到自己小手的威力，他开始把动作和动作的对象区分开了，发现物品"会飞了""会跑了"。

开始学习走路，婴儿逐渐认识到自己能发出动作，如球的滚动是自己踢的，可以把自己和别人及别的物体区分开，认识到自己能力的存在，这就是最初级的自我意识。

这时父母最需要做的是不断跟孩子确定：我、我的、你、你的、他……不断地向孩子大声描述：我两岁，我是女孩，我的头发是黑色的，我有小车，我喜欢你，我喜欢苹果……

1岁半：开始以自我为中心，有自己的想法和主张了。如果我们插手帮他做一些事，他可能会大哭。如果他要喝牛奶，我们立刻就要满足他的需要，如果不顺着他，他也会大哭。

随着言语的发展，他们知道了自己的名字，并能用名字称呼自己，这表明他们开始能把自己作为一个整体与自己的动作区别开了。

两岁：2~3岁是一个里程碑，他开始发现自己同世界实际是分离的，特别是掌握了代词"我"以后，自我意识的发展进入了一个新阶段。这时婴幼儿不再把自己当作一个客体来认识，而是把自己当作一个主体，动不动就说：打、不、我要、我自己来……他的独立性大大增长，父母会突然觉得孩子没那么听话了。

两岁多的孩子在语言发展上，开始从模仿变成坚定地表达自己的想法，如果成年人再用鹦鹉学舌的方式，就会激怒孩子。就像两岁半的皓皓。

有一天，皓皓早上来托育园后，独自一人坐在凳子上看着门外，老师亲切地跟他打招呼：皓皓，早上好，见到你真开心！皓皓说，我不开心。这时，如果老师鹦鹉学舌地模仿皓皓的声调来讲话，皓皓可能会更不开心。好在老师非常懂孩子，她继续跟皓皓聊天，为什么今天皓皓不开心呢？我猜猜看，可能是……老师没有把皓皓当作是一个不会表达的小婴儿，而是抓住时机帮助孩子发展"自我意识"。

3岁以后，幼儿的自我意识飞速发展，他们的判断力、思考力、探索力、运动力、表达力、自我评价力都会大大提高。

5.2 宝宝触碰成人恐惧的自我意识表现

1. 我不想分享我的螃蟹车

著名儿童教育专家孙瑞雪老师在《捕捉儿童敏感期》一书中写道："最初孩子的成长是通过占有属于我的东西来区分自己和他人，只有在占有自己的东西时，孩子才能感觉到'我'的存在。"

对于孩子来说，我想独自拥有我自己的东西，任何人都拿不走它，我要保护好我的东西，这会产生深深的力量感。这本来是一种顺其自然的生命成长，可是如果遇到一个内在恐惧的父母，孩子想做自己的"自我意识"就会被破坏。

下面这个案例具有高度的普遍性，因为在大多数孩子的成长过程中都会经过。

上两个星期，爸爸给涵涵买了一个新玩具，一个螃蟹外形的机动小车，涵涵非常喜欢，对小车爱不释手。

这天下午，妈妈带涵涵到楼下玩，刚开始只有涵涵一个人在玩小车，后来小区的俊俊也下来了，他站在旁边看涵涵玩，看了足足有10分钟，都不舍得离开，还时不时地靠近螃蟹小车，想抓过来玩，但是每次都被俊俊的奶奶阻止了。

看到俊俊这么喜欢，而且一直看了这么久，涵涵的妈妈不忍心了，她开始对涵涵说，你把小车给俊俊玩一下吧，你看他那么喜欢，看了你这么久。可是涵涵并不愿意，他拿起小车换了个地方去玩，俊俊见状，又跟了过去，涵涵又跑开，想躲过俊俊。于是，妈妈走过去做涵涵的思想工作，让他把小车给俊俊玩一下，说他是弟弟，你是哥哥，你也玩了这么久了，可是涵涵还是不愿意。

这时妈妈就开始忍不住地说：涵涵，我们不要那么小气，给弟弟玩一下，他又拿不走，你要学会分享。涵涵听到妈妈这样说，满脸不开心，也不说话，只是紧紧地抱着小车，站着不动。这时妈妈又走过去，继续劝涵涵，希望他大方一点，要跟小朋友分享，别人才会跟你做朋友，要不以后没有人喜欢你，这样做又自私又小气，我也不喜欢这样的你。涵涵还是不为所动。这时妈妈的表情从一开始的和颜悦色，变成了厉声严肃，再变成了生气愤怒，最后当孩子还是不愿意时，她又对俊俊奶奶讨好式地说："不好意思啊，我家孩子太自私。"

我们发现，涵涵妈妈就像一个导演，从一开始就是她自己臆想出了一个画面，可能俊俊想玩，所以涵涵作为哥哥就应该给别人玩一下，否则涵涵就不能成为一个大方的懂事的孩子。如果他不能成为一个大方的孩子，将来他可能就没有朋友，不被社会接纳，他就有可能度过艰难的人生。天哪，这个妈妈是有多大的恐惧，将自己臆想认为的艰难的一生投射到孩子身上。

当妈妈恐惧自己的一生时，当妈妈没有"自我意识"时，孩子的自我意识可能就被破坏了。好在涵涵最终顶住了妈妈给的压力，做了他自己想做的决定，所以，他的自我意识得到了一次成功的提升。但是这在大人看来，却是孩子挑战她的权威，不听话的表现。

换一种思维来看，这个时候，如果涵涵妈妈能懂一点孩子心理的话，用四两拨千斤的方式，就能轻轻松松让孩子愿意分享。

妈妈走过去，轻声对涵涵说：宝贝，这个车子是你的，别人不能抢你的，如果别人要玩，必须经过你的同意，你不同意，他不能抢走。妈妈也会跟你一起保护好你的小车。

妈妈还可以去跟俊俊的奶奶说：让俊俊去家里拿一个他喜欢的玩具，下来一起玩。

当俊俊拿着玩具过来后，让两个孩子一起玩。妈妈可以看情况跟涵涵说：那个小兔子布偶是俊俊的，你也不能抢他的。他要想玩你的车，必须经过你同意，你不同意，他不能抢；你要想玩他的小兔子，也要经过他同意，他不同意你也不能抢。

一个智慧的妈妈，可以让两个孩子都学习到决定权在自己手上，我可以坚持自己的主见，不分享，也可以因为觉得是安全的，愿意分享。

所以，每一次孩子与小朋友玩玩具，都可以提升一次分享的能力和安全感。

2. 我就不好好吃饭，看你拿我怎么办

大家可能都有这样的经历，凡是1岁以上孩子的妈妈聚在一起，少不了的话题就是："你家孩子吃饭吃得好吗？""我家孩子一天到晚都不愿意吃饭，都快成神仙了。"

为了让孩子好好吃饭的各种场面，堪称"大排场"。

有的妈妈说："我家孩子自打吃饭起就要大人喂，喂一顿饭可难啦，哄半天才能吃一两口。喂一餐饭要一个多小时，还要想尽一切办法哄他。"

有的妈妈说："没办法呀，一会儿要在厨房才吃，一会儿要在沙发上才吃，最后说要在电梯里才吃饭，这不到电梯里，坐下去喂一口，坐上来喂一口，好不容易吃两口又不知要换到什么地方了。"

有的孩子吃饭，爷爷拿着手机或平板在前面给孩子看，奶奶趁机在旁边喂一口。

宝宝会吃饭了，这是一件多么让人高兴的事，这标志着孩子又长大了，成为一个独立个体了。但是家人们的烦恼可能也会产生，因为宝宝对吃饭这件事，有自己的主张，他想按照他的意愿来吃，而不是成人的意愿来吃。

孩子不能按成年人的意愿好好吃饭，表面来看，好像都是孩子的错，可是仔细一想，不对呀！填饱肚子是每个人的本能，哪个人会跟自己的肚子过不去呢？孩子不能好好吃饭的背后，一定隐藏了成年人的担心和恐惧。

在自我意识的作用下，孩子是怎样想的呢？

（1）什么时候吃，怎样吃，吃什么，吃多少，我想按照我的想法来吃。

（2）吃饭就是在玩游戏，各种食物和工具都是我的道具，不好玩我就不玩了。

（3）你越强迫我，我就越要反抗；你越讨好我，我就越控制你。这是在玩心理游戏啊！

而孩子在吃饭中所表现出来的抗拒，是谁造成的呢？我们来看看成年人在想什么？

（1）孩子对"吃"什么都不懂，所以需要大人教。不管孩子吃饭时心情

如何，只要吃多吃好，才最重要。

（2）吃饭不要拖拖拉拉，如果我不能帮助孩子赶紧吃完饭，我就没有完成我的任务。

（3）孩子有没有吃好饭，是我的责任，如果我没尽到我的责任，我就不是一个好妈妈。

（4）孩子没有能力照顾好自己，必须有我的帮助，他才能好好吃。

（5）孩子太小，注意力本来就不集中。

（6）给孩子喂饭，既是为了孩子的身体好，也是为了爱孩子。

（7）孩子不好好吃饭，就会容易生病，生病了就会给我带来麻烦。

（8）孩子瘦了、病了，家人就会责怪我带不好孩子，压力好大。

这是孩子和成年人，两个自我意识的碰撞，也是两个人心智模式的冲突。这种冲突很正常，也是出于对孩子的"爱"，但是违背了孩子的成长规律，所以成年人需要学习和改变。

改变的方向很简单，只要你做到：

信任和尊重孩子；相信填饱肚子是一个人的本能；把吃饭的责任还给孩子；相信吃饭的心情比吃什么更重要；无论孩子是否能好好吃饭，我都是一个好妈妈。

孩子的吃饭问题就能得到彻底解决！

3. 我不，偏不；我打，偏打

还没有长大的宝贝，你怎么逗，他就怎么笑，你怎么要求，他就怎么做，这是一个多么可爱的宝宝啊！可是突然从某个时候开始，他一天会说几百个"不"，一天到晚都想"我做主"，一天会因为不满意无数次地哭闹。这时，大人就开始抓狂了。

是的，这是因为宝宝从1岁半开始，他的自我意识迅猛发展，让大人觉得一下子就不听话了，想怎样就怎样了，是不是开始叛逆了。心理学家说，婴儿自我控制的发展，大概从6个月开始，通常是从对"不要做什么"的服从开始，渐渐过渡到对"要做什么"的服从。其实这是婴幼儿大脑前额叶皮质发展发育的必然结果，这是一个里程碑式的进步，是孩子成长的必经之路。

关键是这时候，你是感到抓狂，还是感到欣慰？你是选择尽量满足孩子的需要，还是非要较真地纠正他？

比如，宝贝在这个年龄段，看上去有些"粗暴"的行为，在自我意识敏感期是什么意思呢？他们说"不"或者"打人、咬人"时，只是在表示排除，我不要，你不可以这样，因为他的语言还跟不上，所以动手和说"不"是最快的表达方式。后来，他又试探什么呢，他要试探最亲近的人，我打你，我说不，你还爱我吗？所以，3岁前的孩子，他的意识很单纯，没有成年人想象的那么复杂，不需要上纲上线地去担心孩子，否定孩子。

再来看看宝贝们前后判若两人的"无理取闹"。

1岁半以前，我们让孩子打招呼，说拜拜，再来一个飞吻，孩子都听话照做，可爱得不得了。可是两岁后，孩子突然变得不爱见人打招呼了，无论是家人、爷爷奶奶、姥爷，还是外人，一概不打招呼。

两岁前，我们叫宝贝看什么、听什么，孩子都乖乖的，可是两岁后，突然有一天，宝贝会说：妈妈我不喜欢听儿歌童谣，我不想认识颜色、形状。如果妈妈说，宝贝为什么呀，这个挺好的，你要一起来。她可能会特别反感地说，妈妈别说了。

两岁前的宝贝还能温和地用"指一指、哼一哼"来表达自己，可是两岁后的宝贝却突然一天说几百次"不要"，不满足需求就变成"假哭"，哭着哭着就变成真哭了。

1岁多的宝贝，每天睡前讲完故事必须说"讲完了"，你不说他帮你说，不然不睡；睡觉要搂着他，还要用他觉得合适的姿势搂着他，不然不睡；全家人吃饭都有固定的位置，谁都不能乱坐别人的凳子。

两岁的宝贝，一定要自己摁走廊的灯，谁摁都不行；如果灯是亮着的，就必须等灯熄了再摁一次；门铃响了，必须由她去开门，否则就必须出去重新摁门铃；大冬天要穿裙子出门，谁劝跟谁急……

总之，一切都要合他的心意，一切都要按照他的想法来做，一切都要以他为中心，这让父母产生了极大的恐惧，这样下去怎么行，这也太"自我"了，这样下去孩子会变坏，如果我再不管，会把孩子宠坏，于是父母与两岁孩子的战争就打响了。

可是，亲爱的父母们，你们知道吗？如果一个孩子不会说"不"，没有自我保护的意识，我们才应该更担心呢！

宝宝从一个不知道"我是谁""我能怎样""我想要怎样"的状态，发展为"我有自己的主张""我可以说了算""我能够做选择"，然后到"我喜欢怎样""我想成为什么""我能决定自己的人生"，这是一个人一生追求"做自己"的必经之路，这是孩子不断寻求自己的独特性的必然结果。而在这条路上，他必须要学会拒绝，必须要不断说"不"，这样他才能不断地清晰和验证自己到底想要什么，将来他才会成为一个尊重自己的内心，不会被别人轻易侵犯心理边界的内心强大的人。当孩子感受到自己可以拒绝别人时，他也更能接受别人对自己的拒绝。

这一点太重要了，有多少初中生、高中生，甚至大学生，到了需要自己对自己的人生负责任的时候，都不知道自己想要什么，该如何对自己的选择负责任。这就是因为小的时候，当他们在发展自我的时候，不懂拒绝别人，不允许表达自己。

所以父母不需要过度担心和恐惧，我们与其担心孩子将来不会拒绝别人，不如让自己好好活在当下，接受孩子当下的成长和变化。

5.3 面对孩子"自我"的觉醒，成人能做什么呢

父母是孩子的保护神，父母应该成为最懂孩子的人，早于孩子成长的脚步提前学习，是父母必须要做的事。一方面要了解儿童的自我意识敏感期，孩子有哪些行为表现和特点，另一方面是通过学习，让自己的自我意识处在"觉知"状态。

1. 带着觉知，尊重和等待孩子的成长

宝贝的自我意识随着年龄的增长，也在一天天地增长，到了1.5岁会全面爆发。无论父母知道还是不知道，每个人都将经历这样的成长规律。所以，父母唯一能做的就是当孩子自我意识爆发时，尊重他的意识，当孩子的自我意识还未爆发时，也就是比较听话顺从时，我们也需要尊重和等待。因为每朵花蕾都有她盛开的花期。

尊重就是在建构，帮助孩子的大脑建立新的系统。

下面这些是我女儿在3岁前，自我意识敏感期的表现。可能大家会说，这些表现可圈可点嘛，是的，孩子的每一个意识都是全新的自己，不存在好坏对错，这就是独一无二的她，我们只需要尊重和等待她的成长。

来追我吧——1岁3个月以前，小宝拉了粑粑，我叫她躺下，她就乖乖地躺下，等我来换尿片。现在可不行了，不听指挥了，叫她躺下，她就跑，等大人去追她，她就更开心地跑。

妈妈的拖鞋，不能穿——1岁4个月时，有个朋友来我家，穿了我常穿的红拖鞋，1分钟后，小宝发现了，拼命指着别人的脚，又叫又拽，意思是，这是我妈妈的，你不可以穿。我赶紧给朋友另外换了一双拖鞋。秩序敏感期来了！

我要自己来——1岁半开始，小宝会做更多的事情了，如自己吃西瓜、穿鞋、剥鸡蛋、爬上凳子取物、吃完后把水果盘放进厨房……总之，她喜欢什么事都自己来，真是妈妈的小帮手。于是，爸爸和奶奶就经常夸赞小宝，说她真能干，奶奶的口头禅是"能干婆"，我赶紧纠正是"能干妹"。

我的东西，别人不能碰——1岁8个月，我们再到楼下玩时，她占据了一个健身器材，别的小朋友过来，她死活不让别人碰。我告诉她，这是大家都可以玩的，但是她还不太明白，于是大人们来把自己家的小孩抱走，同时留下一句"你太霸道了"。

妈妈是我的——如果是我抱了别人家的小宝宝，那也是不可以的，因为小宝到了占有敏感期，她需要确定，妈妈是我的。

我要跟妈妈结婚——刚满两岁时，我经常给她讲绘本《鼠小弟》。有一天晚上，我讲的是"鼠小弟和鼠小妹结婚了"。第二天早上起床后，穿衣服时，小宝突然跟我说，妈妈，我要跟你结婚。我说，不行啊，我已经跟爸爸结婚了。小宝又说，我跟哥哥结婚。我说，不行啊，你跟哥哥是同一个爸爸妈妈。小宝低下头，很郁闷地说，那怎么办呢？我笑笑说，你可以跟楼上的霆霆或者隔壁楼的佩佩结婚。小宝说，好啊！

我讨厌哥哥——两岁前，哥哥常问妹妹"你喜欢爸爸还是哥哥"？妹妹随口就说"爸爸"，哥哥不甘心，又继续问"你喜欢哥哥还是爸爸"？妹妹说"哥哥"。两岁以后，哥哥还是常常逗妹妹，哥哥问"喜不喜欢哥哥"，妹妹秒答："你好讨厌"。哥哥不甘心地再问一次，妹妹又秒答"不喜欢"。妹妹已经不会轻易被哥哥左右了。

我不想跟别人一起玩——两岁7个月开始，妹妹再到楼下玩时，不愿意去小朋友多的地方玩。因为小朋友多的地方，小朋友会互相争玩具，争着玩滑滑梯、小房子，于是小宝说，不想去那些地方了，她不想拿玩具去玩，不愿意别的小朋友碰她的东西。于是，那段时间，我们就专门到没什么小朋友的地方玩。

你等着，我去问，我来交钱——我们一起去小区的超市买东西。我找了半天，没看见面粉，我说要去问问站在门口的服务员阿姨，妹妹马上说，妈妈，你在这里等我，我去问。交费时，她要拿钱自己去，我就把钱给她，她会绕过人多的那个队伍，走到另一边去排队，然后叫"阿姨"……

2. 带着觉知，用"心"理解和接纳

孩子的自我觉醒必然伴随着反抗、叛逆和情绪，当他们以自我为中心时，可能会伴随着倔强和冷漠，这会让父母倍感失落，也会极大地消耗父母的耐心。可是我们真的不能跟孩子生气，不要用情绪去打压孩子。只有真正地、用心去接纳孩子的行为，把孩子的行为视作正常的自然发展，我们才能保持稳定的情绪，耐心地跟孩子互动。

为什么我一定要特别强调"用心"，因为"用脑"很难感受到孩子的感

觉,"用心"至少能感受到孩子行为背后的情绪。真正的接纳,不是要接纳孩子的行为,而是要接纳孩子的情绪。否则在跟孩子的拉锯战中,我们很难保持温和如一的状态,也许刚开始能挺住,可是最后还是会以"河东狮吼"或"鸡飞狗跳"的方式来结束。那就是因为我们没有做到真正用心理解和接纳。

做个接纳孩子情绪的妈妈,看上去容易,做起来却不是那么容易,看看下面这个案例,你就有体会了。

天天1岁5个月了,早上到楼下玩了半天后回到家里,可是离吃饭的时间还有1个小时,妈妈让她坐在椅子上,准备给她吃点饼干,天天很听话,等着妈妈拿给她。只见妈妈拿出了两块消化饼干,准备给宝宝吃一块,自己也吃一块。但是当她正想把一块饼干递给天天时,突然把饼干掰成了两半,然后把其中一半递给了天天。天天哇哇地大哭起来,摆手说"不要、不要"。

妈妈觉得很奇怪,你不是想吃吗?我递给你了,你怎么又哭着说不要呢?妈妈又赶紧把手中掰下的另一块递过去,天天还是哭着说"不要"。妈妈一下子感到有点懵圈,问天天"你是不想吃吗?""为什么不要呢?"可是天天就是哭,无论妈妈怎样问,她就是说不出自己的想法。妈妈说,你不吃我吃了哦,因为妈妈手上还有另一块完整的饼干。这时天天的哭声更大了,哭得更难过了。妈妈突然醒悟过来,可能天天是想要她手中的另外一块饼干,于是赶紧递给她,天天一接过来,就破涕为笑了。妈妈说,唉,你就是想要一块完整的饼干呀,原来是妈妈没懂你。

生活中,宝宝的自我意识随时随地会出现,我们自己的想法也可能随时发生改变,就好像上面这位妈妈,本来她是想给孩子吃一块完整的饼干,可是突然又想起快吃饭了,还是吃一半吧,于是没想太多,就把饼干掰成了两半。而孩子在想什么呢?她看到妈妈明明拿出了一块完整的饼干,却突然只递给她一半,这跟她的预期不一样啊,于是冲突就产生了。

这就要求我们带着"觉知"来跟孩子互动,而不是自己想当然。如果我们能提前问一句"你想怎样，你想要什么"，就能避免不必要的冲突。

还是那句话，用"心"跟孩子在一起，把头脑的"应该或不应该"放下，尊重、理解和接纳才是应对孩子"自我意识"爆发的最好方法。

3. 把孩子的自我意识引向内在

建构儿童的自我意识，让他成为他自己，做他自己想做的事，那是不是说，孩子想怎样就怎样呢？不是的，孩子依然需要成年人的引导，否则他会陷入自己的情绪世界里。怎样引导呢？"意识"无外乎就两个方向，一个向内，一个向外，当孩子在表达他的自我意识时，成年人也在表达自己的自我意识，如果成年人的引导方式总是向外，孩子自我意识的焦点就会放在别人身上，如果成年人能有意识地把孩子的注意力引向内在，孩子就会意识到"这是我的需求"，我需要等待。

如，当孩子说，我要，我马上要喝奶，我想吃零食，我想怎样就要怎样，你可以说，是的，你要，你马上要，妈妈知道了，这是你的需求，但是我做不到马上把牛奶变出来，你想吃零食，是的，你觉得零食很好吃，我小时候也很喜欢吃零食，妈妈看到你很着急，妈妈知道你很想要，但是你需要等待。这样的引导就是在把孩子的注意力引向内在，让他看到这是他的需求，不是别人的，同时也让孩子清楚了界限，而不是一味地说，不可以，不行，你这样做不对，着急有什么用。

再如，当孩子被桌脚碰到后号啕大哭，你可以说，宝贝，就感觉好痛是吗？妈妈抱抱你，吹一吹，揉一揉，而不是说"这张桌子太坏了，我们打它"。

这样的引导就是把孩子的注意力引向内在。要做到这一点，对于某些成年人来说是有难度的，因为需要有极大的心理稳定度。

我记得儿子在1岁多的时候，我们住在外公外婆家，我白天要上班，主要是老人帮忙带孩子。有段时间，每当我回到家，外公就向我投诉，他说，这小子现在动不动就咬人，有时冷不丁地被他咬一下，好痛，你要不要管一下。我

103

问爸爸，当孩子咬你的时候，你是怎么回应的呢？他说，有时候能忍，有时候实在太痛了，就一巴掌打回去，让他知道下次不能再咬。那时的我第一次做妈妈，不知道怎样跟老人家沟通，只好跟爸爸说，以后你跟孩子在一起，要警觉一点，发现他要咬人了，就赶紧躲开。爸爸对我的回答很不满意，他说，孩子咬人的时候，太突然了，防不胜防！你这个做妈妈的就应该好好管教管教。

老爸呀，不是我不管教孩子，而是我都不知道要如何管教。

后来生了妹妹，到了小宝的"咬人阶段"了，我自己带孩子，这个"咬人"敏感期，两三周就顺利过渡了。我是怎样做的呢？

1岁多的小宝，跟哥哥一样，到了这个时期，冷不丁地玩着玩着，就突然咬一下我的大腿、肚皮或手臂，甚至有时还会被她咬破皮。有一次，坐在沙发上，她站在我的后面，在我不在意的时候，她突然咬了一下我的后背，我都快疼哭了，整个后背"嗖嗖"发麻。再后来，每当她一扑过来，埋下头在我的腿上、怀里，我就全身紧张。

这样的现象大约持续了一周后，我给小宝找了一个替代物让她咬，可是她并不太喜欢。再后来我想她可能是在试探我的反应吧，如果我打回去或咬回去，她可能就会模仿我的行为，认为自己的方式是对的。那还可以怎么办呢？我就真实地表达吧，后来每次小宝咬了我，我就说："好痛啊，好痛啊"！然后用她的小手帮我摸一摸，最后抱着她，跟她轻声说，小宝，你咬了我，我感到很痛，你看妈妈的手都红了，如果你喜欢我，可以亲亲我或拍拍我，妈妈很爱你，你也爱妈妈，对不对？刚开始，小宝的反应是懵的，但是坚持做了几天后，小宝终于明白了，咬了别人，别人会痛，无论我怎样对妈妈，妈妈都是爱我的。

就这样，大概又持续了两个星期，我发现小宝咬人的方式在发生变化，当她再扑到我身上时，有了分寸感，她会轻轻地咬一下，看看我的反应。或者用"亲亲"的方式，代替了咬人。

一个月后，小宝就完全不记得"咬人"这回事了。

当孩子用我们不接受的方式来进行人际互动时，我们一定要引导孩子向内，去感受别人的感受，感受自己的需求。如果我们对孩子的行为不接受，却又用同样的方式示范回去，那孩子就会认为这是被允许的，因为成年人也是这样做的，这是错误的方式，让孩子只看到外在的反馈模式，而内在没有感受。

我再举一个把注意力引向外在的例子。

明明两岁7个月，今天他把新买的滑板车，拿到楼下玩，别的小朋友想玩，他想了想就给了，一共给了3个小朋友玩，他自己一直没有好好玩过。20分钟后，楼上玩得最好的一个小弟弟来了，他的外婆对明明说，可不可以给弟弟玩，没想到明明很坚决地说"不行"。

我没想到明明会这么坚决，这可是他最好的邻居朋友。本来我想再给他一些时间，他可能会同意的。但是老人家等不及，马上说，我有吃的，用吃的跟你交换。"行"，明明干脆利落地就答应了。

这场交易成交得太快了，乍一看，老人、弟弟和明明都各取所需。面对诱惑哪怕是一个小学生也是难以抵抗的，更何况是两三岁的孩子。

但是，这样的事情最好还是少一点发生，把孩子引向自我控制并产生价值观，才是教育真正的方向。

最后，我想说，给孩子"定规则"也是在把注意力引向内在。

两岁半的安安每天下午睡完午觉后，都要跟爷爷到楼下公园玩，在路上每天都要经过一个小店铺，安安每天都要爷爷给他买烤的绿豆饼，爷爷扭不过只好给他买。可是安安的妈妈觉得这个东西天天吃，对身体不好。于是，她对安安说，我们来定个规则吧，绿豆饼不能天天吃。安安对"规则"没有任何意识，但是既然妈妈说了不能天天吃，那要多久吃一次呢？

妈妈想了想说：一个星期吃一次。可是安安对"一个星期"没有概念呀，这是多久一次呢？妈妈说，你看，我们每天在这张纸上划一条线，一共划

7条，就可以吃绿豆饼了。安安很高兴，于是每天又多了一点期待。

这种"延迟满足"的方式，也是在引导孩子向内整合自己的情绪和需求，在自己的需求和妈妈的需求之间寻找一种平衡。

4. 成人需要建构成熟的"自我意识"

一个成年人，当然拥有无穷尽的"自我意识"，我们每天都会产生无数个念头，同时也容易受别人和环境的影响，再产生无数个念头。一个拥有成熟"自我"的人，是一个人格健全、拥有无限潜能的完整的人。这样的人在当今时代太稀有了，因为任何一个人在成长的过程中，都会有无穷无尽的创伤，我们在身体上、情绪上、感觉上、心理上、认知上、精神上、心灵上等不同的方面，在不同的阶段，都经历过各种伤害。

例如，有个爸爸，他有一个两岁多的女儿，他说平时他是一个和颜悦色的好爸爸，自认为非常爱孩子。可是有一次，两岁多的女儿非要在饭前喝饮料，他很生气，因为他认为就快吃饭了，不能喝饮料，女儿就不依不饶地哭闹了很久，爸爸无论讲什么，孩子就是哭，最后把爸爸哭崩溃了，爸爸满脸通红，情绪激动地很想揍孩子一顿，可是他又知道孩子才两岁，不能打，他就一个人去到厕所里把自己关起来。事后，他说当时觉得自己的内心就快爆炸了，就是想发疯的感觉。幸亏当时忍住了，否则就打下去了。

这个爸爸当时的状态应该是掉进创伤里了，他的身体在发抖，他的情绪很崩溃，他的感觉很痛苦，他在心理上很挫败，于是他的头脑里会产生这样的认知：这个孩子真可怕，这个孩子根本管教不了，我不可能管好孩子，我是一个失败的爸爸。当他有这种消极思想时，根本就不可能连接上更高层面的精神和心灵，也找不到用"爱和温暖"来面对问题的感觉，更加想不到解决问题的方法。此时，就好像有个魔鬼住在他身体里，他的"自我"已经被创伤淹没，他所做出来的行为，说出来的话，不可能达到成熟的、有完整人格的"自我意识"表达。

父母或老师，如果自我意识不够，是非常危险的，因为他的内心很匮乏，情绪不稳定，没有主见，他听不得孩子的哭声，看不惯孩子的"错误"，听不进别人的"好言相劝"。这样的成年人，很容易伤害孩子，也伤害自己。

那要怎样找回成年人自己的"自我意识"呢？懂得一点心理学，肯定是好的，如果能持续修行，找回那个"平和而有力量"的自己，那就更好了。

我给大家5点成长建议：

（1）把我放在第一位，我好，你好，大家好，爱自己，我才是最重要的。经常把我想怎样挂在嘴边，而不要总是想他要怎样，只有爱自己的人，才能真正爱别人。一个内在充满爱的人，才能给孩子爱，因为我们给不出自己内在没有的东西。只有觉得自己足够好，我们才会觉得孩子足够好，伴侣足够好。

（2）既然选择做了父母，就要拼命学习，不断成长自己，改变自己。光是知道很多的知识，看了很多的书是没有用的，因为从知道到做到，就好像从地球到月球那么远。

（3）向孩子学习，孩子才是我们找到"自我"的老师，因为他们从小就特别能表达"我想怎样"的思想，他们没有顾忌，只是一心想做自己。如果我们不要打压孩子成为他自己，我们充分地信任和尊重孩子，那这个与孩子互动的过程，本来就是一份成长和疗愈。

（4）成为孩子模仿的榜样，为了孩子，我们就豁出去吧！没有自我的成年人总是在意别人怎样看，别人怎样想，自己活得太累。为自己的开心而做事，把自己的注意力向内看，多关注自己的内在感受和需求，孩子就会模仿到，孩子就会形成向内看的"自我"。

（5）随时觉察，多一点觉察自己的身体、情绪和信念，我们的行为就会很快地调整和改变。

反思我自己，有时，我也会急躁。

我女儿两岁半时，有一晚我需要备课，因为过两天要出去讲课，我想让女儿早点睡觉，可是9点半了，她还一点睡意都没有，明明快上床了，她又突然说要吃萨其马,我想着晚饭她没吃多少,就同意了。吃完后,她就把包装袋乱扔,明明垃圾桶就在旁边。我就告诉她,请她扔到垃圾桶里,可是她说不要。然后就想逃,我把她抱回来,她还是想逃。这样折腾了几次后,我就因为着急而失去了耐心。我一下子松开双手说,我不想理你了,你也不要来找我,然后我就转身走向冲凉房。

我刚转身走了几步,女儿马上说,我捡,我说好吧,赶紧捡起来然后洗澡。在给孩子洗澡时,我觉察到自己刚才的言行,是在威胁孩子。上床睡觉时,我就问女儿,刚才,你说不想捡时,妈妈说不想理你了,你是不是感觉害怕了,女儿点点头,我又问,你觉得妈妈还爱你吗?她说,爱。我说,你觉得自己刚才那样做得对吗?不对。那下次妈妈不这样说了,妈妈希望你下次不要乱丢垃圾,可以吗?女儿奶声奶气地说,可以。

其实父母也是人,不可能时时刻刻都做到不出偏差,只是如果我们能提高自己的觉察力,快速反省自己的语言和行为,并及时去补救,去跟孩子沟通,就不会对孩子造成多么严重的"伤害"。

帮助孩子建构自我意识,成年人还是从自己开始吧!

第6章

身体维度：千万不要用"跳蚤精神"限制孩子的身体自由

不断使用身体，孩子会变得更加聪明和专注。

"跳蚤精神"就是当跳蚤不受限制时，它跳的高度可以达到身体的400倍，但是当在玻璃杯上加上一个盖子，一个星期后再拿掉，跳蚤再也跳不出原来的高度。孩子的身体潜能是巨大的，父母千万不要成为那个盖住"运动天才"的玻璃盖。

是的，每个宝宝都是运动天才，他们在经历了灵魂掉落到身体的不适反应后，就开始专注地使用他们的身体，转头、吃手、翻身、坐起、爬行、走路、跑跳、旋转……他觉得充满了挑战，虽然有时会害怕，但有时又毫无畏惧，觉得自己无所不能。

在这个过程中，孩子的大脑和身体在经历什么呢？我们在第一章节中讲到，身体接受各种外在信息，信息在大脑中进行整合，再反馈到身体，身体再做出各种反应，这个传送信息的通路越快，学习效率就越高，这是一个"感觉统合"的过程。通常我们认为，好动的孩子更聪明，也是这个道理，因为在孩子不断运动的过程中，大脑不断被刺激和激活，大脑不断形成丰富的神经网络，这个网络越复杂、越丰富，这个孩子就越聪明。这也是一个孩子进行思考和学习的过程。

大自然创造出的这招通过运动来学习的方式，无比简单又无比高超，让新生命充满完善和发展的动力，在不断的运动和学习中塑造着身体和大脑。

对于婴幼儿来说，所有的学习都始于身体，每一个动作都在开发身体的潜能，构建关键神经通路。身体就是大脑的启蒙老师，运动就是学习，比如，宝宝学习从抓住父母的手指，到握住拨浪鼓，到能够抓住颗粒小豆，到能够自己吃饭穿衣，能够涂鸦写字。再如，宝宝从抬头到翻身、从坐起到爬行、从站立到行走、从小跑到跳跃，以及飞奔着冲向父母的怀抱……他们的每个举动，不管是有意为之还是偶然出现，都在导向学习。

当然，我们在这里探讨的学习和对知识的学习，显然是不一样的。婴幼儿的学习方式主要是通过感觉，体验式的学习，他们只会学习大脑所关注的、围绕在自己周围的，具体、实在、充满感官刺激的世界，且所有这些内容都是由他们的身体去体验而非大人提供的经验，所以我们不能过多地保护或时常去阻止。

我们不要用成人的眼光来看待孩子的运动，跟成人比起来，婴幼儿的运动无论哪一点看上去都不可能是"天才"，但是跟小婴儿自己比起来呢？他们的成长和进步让人惊叹。

另外，我们还看到，孩子在使用身体的时候跟成年人运动时的状态完全不一样，很多成年人在跑步时、健身时，身心可能是分裂的。比如，我们会边跑步，脑袋里的思绪却在满天飞，不是想着工作上的事情，就是想着生活的琐碎，极少有身心合一的状态。

但是3岁前的小宝宝在使用身体时，却是身心合一的忘我状态，就好像专业运动员。因为他知道，他对身体的把控还不能完全自如，他的能力还不能完全达到，他必须要专注，必须要用心，直到完全掌握，身体才能进入自动运转的潜意识控制状态。这种身心合一的身体运作感知力，会持续到七八岁。所以，我们一定要创造机会，让孩子去使用身体，不要担心孩子会累着，如果他累了，他一定会休息的，而大多数时候，他都是精力旺盛的"运动健将"，反而是成年人跟不上孩子的体力。

运动无处不在。家里户外随处都可以进行。

在每个家庭，当孩子没有出生之前，一切家具都是为成人准备的，但是有了孩子以后，一切家具都是为了发展孩子的运动而准备的。

锻炼攀爬的战场有沙发、床、椅子、楼梯、矮柜……

锻炼跳跃的战场有沙发、各种高低柜、抱枕垫……

锻炼"翻山越岭"的战场，可以把各种椅子、凳子摆成不同的造型组合。

锻炼手部敲打，可以把锅碗瓢盆聚拢来开个"演奏会"。

锻炼精细动作，可以把家里的各种豆豆拿出来，让宝宝做分类检查员。

总之，让宝宝的身体时刻处在运动中，他的大脑就处在不断重塑中，他会越来越聪明、越来越专注。

6.1　6大运动能力为将来的学习打下基础

人类的身体跟动物不一样，很多动物，如马、牛、鹿、狮子，它们的幼崽出生没多久就能站立起来，几个小时就会跑步，但是婴幼儿不可以，他们在出生后的第一年，会经历从被动到主动的身体发展过程，在宝宝完全独立行走之前，他们随时需要成年人的帮助。

但是这样的帮助，我们需要带着觉察，既需要知道哪些是必须要帮助的，也需要知道不能代替过多或阻碍过多，影响孩子对身体的探索。

本章节我们讲的3岁前的运动能力，主要指的是身体大运动。3岁前，孩子的基本运动能力都只是开始发展，会在3岁后逐渐完善。所以，我们关注孩子3岁前的运动能力，并不是要提前完善它，而是希望父母在孩子运动能力的关键期，也是大脑神经元高速发展的重要时期，给予及时的重视，为下一个阶段打下好的基础。

这6大运动能力是：

（1）平衡——站立或移动时身体的稳定。

（2）协调——对身体的控制，手眼协调和脚眼协调。

（3）力量——坐住、举起、搬运、推拉、爬高时所需的身体力量。

（4）耐力——持久性。

（5）敏捷性——速度和能很快改变位置与方向。

（6）柔韧性——翻筋斗时所需要的。

1. 父母不可错过的"亲肤"机会

我们的婴儿不能和动物幼崽一样，刚出生就直立行走，对于这件事情，科学家们深入研究后，给出了明确的答案，他们认为人类的婴儿属于"早产儿"，需要成年人给予悉心的照顾和养育。

现代科学育儿观告诉我们，小婴儿在母体中就已经有触觉感受，所以第一年，我们就应该给宝宝做抚触和被动操。这样做不仅仅可以刺激宝宝的感觉反应和神经发育，增强情绪感受，更能通过婴儿与母亲之间的皮肤接触，展开深度的情感交流，让宝宝对母亲形成安全依恋。

有这样一个真实的案例。

有一个妈妈在怀孕26周时早产，生下了一对龙凤胎，但出生后仅两分钟，其中一个宝宝就发生了呼吸停止，很快，医生也宣告这个孩子的死亡。这位母亲悲痛欲绝，即将跟爱子做最后的道别，她满怀热泪地对儿子诉说着爱意，抱着他，告诉他自己多么不希望他离开。这位妈妈打开包着婴儿的毯子，抚摸着他的皮肤之后，非同寻常的事情发生了，在与母亲两个小时的拥抱和抚摸中，这个小男孩逐渐显现出生命的迹象，如今5年过去了，小男孩已经成为一个非常健康的孩子。

抚触为什么能有这么神奇的功效？专家对此的解释是，对于婴儿来说，早期最重要的感觉是触觉，皮肤是人体最大的感受器官，是神经系统的外在感受器，这种触觉感受器可将所有感受的刺激，通过神经传入中枢神经系统，使大脑皮层对这些冲动进行分析、判断，做出相应的反应。抚触的作用就是能充分利用这个身体最大的感受器官，刺激分布在皮肤上的不同感受器、兴奋中枢感受点，并刺激神经细胞的形成及其与触觉间的联系，逐渐促进神经系统发育。所以，这就是老天给父母的一次机会。

芷若是一个二胎妈妈，她说她的两个孩子都是剖腹产。

十几年前生老大的时候，因为不懂，没有给老大做过抚触和被动操，老大从小皮肤就特别敏感，不喜欢被人触摸，凡是给他洗脸、洗头、洗澡，一概拒绝，每次洗头洗澡都是一次大战役，哭得撕心裂肺，直到4岁左右才有所好转。上医院打针，哭得更惨，讲道理加安抚情绪最少要1个小时，把所有人都折腾到崩溃。另外，老大的防卫心特别重，稍微有点危险就不愿意尝试，去人多的游乐场，不愿意自己去，一定要妈妈陪。只喜欢穿软的、舒服的、宽松的衣服，别人碰他一下，就说别人打了他。

10年后生了老二，芷若通过学习，知道了剖腹产的孩子一生下来就应该多做抚触，于是从月子里开始，芷若就每天给宝宝做身体抚触，半岁后开始做被动操，每天做两次，早晚各一次。

芷若自己在给孩子做抚触时总结了不少经验，她说抚触和做操只是一种形式，关键是让宝宝在与妈妈的互动中看到爱、快乐和唯一。她为宝宝独创的抚触仪式，非常温馨有爱：调适好房间的温度，铺上质地柔软的大毛巾，准备好精油和润肤乳，放上轻柔舒缓的音乐，把宝宝放在毛巾毯上，对宝宝说：宝宝，我可以给你做抚触吗？我们一起玩身体游戏了哦！

就这样，给二宝做了一年的抚触和被动操，二宝几乎没有出现过像大宝以前那样特别敏感的情况。芷若说，虽然坚持一年不容易，但是也很感恩老天给了她一个补偿的机会。

是的，第一年的被动运动对于孩子来说，太重要了，在一年的被动练习中，宝宝顺利完成了抬头、举胸、翻身、坐起、滚动、爬行、站立、走路整个大运动的成长。这就是老天给父母的机会，每个父母和家庭都应该好好把握啊！

2. 抓住"爬行"关键期，平衡协调不在话下

爬行重要吗？我想在现代社会，如果问10个人，大概有8个人会说"重要"，但是如果继续问，爬行对孩子的哪些发展很重要？恐怕没有几个人能说清楚。

可能有人会说，我家宝宝没有爬过，也可以站立走路啊，这说明爬行不是走路的先决条件。是的，从表面上看，似乎没有绝对的必然性。但是所有

的儿童专家还是说爬行很重要，这到底是为什么呢?

让我们来好好了解一下爬行的重要性吧!

（1）提高肌肉的力量。爬行，就是利用双手双膝作为支点，将腹部直接抬离地面，单手与异侧腿互相交互挪动的过程。我们自己试一试在地上爬一爬，就知道四肢要支撑整个身体是多么辛苦，多么消耗体力。

孩子在爬行过程中，全身重量主要集中在两腿以及双臂上，久而久之，这些部位的肌肉在外部刺激下，会加速发育，力量翻倍上升。这完全可以堪比健身房的训练，我们可以想象，经过半年的锻炼，当孩子的四肢越来越有力量，然后顺利发展到走路，这个孩子的手臂和双腿是多么充满活力和自信，这跟没有经过爬行锻炼的孩子比起来，差别可不是一点点哦!

（2）提高平衡能力。说到"平衡力"，我们不能不知道大脑的"掌管者"——前庭觉，又被称为平衡觉。越早给予孩子前庭觉适当的刺激，对孩子的平衡感、反应速度、动作敏捷、情绪稳定有极大的帮助。

爬行为什么会刺激"平衡"？我们以为四肢着地是非常稳定的姿势，几乎不可能摔倒，但对于婴儿而言，它的难度系数就非常高了。当孩子爬行时，一只手抬起来，身体的重心就会发生改变，另一只手再抬起来，身体又需要再次调整重心，保证身体不摔倒，这相当考验他们的重心调节能力。

从某种意义上来说，锻炼爬行，就是在锻炼大脑的神经中枢，而神经中枢是人类学习的大脑司令部，所以，会爬的孩子，他将来的综合学习力不会差到哪里去。

（3）提高协调能力。协调能力也是由大脑神经主导，左右脑交替控制完成。我们看到有些宝宝在爬的时候，四肢是非常协调的，爬得很快，转身也快，但是有些宝宝却是不协调的，拖着一条腿在爬。排除疾病因素外，这是因为宝宝的大脑发育不完善，还不能很好地控制双腿和双脚，需要慢慢训练。

另外在手眼协调上、腿眼协调上，宝宝也会得到充分的锻炼，为他以后的左右脑协调学习打下良好的基础。

我们来看看这位妈妈对孩子的"爬行训练"写下的育儿日记。

小宝的爬行欲望出现在7个月，老话说"七坐八爬"，基本属于正常范围吧。外婆特意给他做了两套耐脏工作服，还做了一个"跪得容易"。那时候电视里常常在回播《还珠格格》，小燕子发明了一个"跪得容易"，见人就跪，膝盖不疼。

在这之前，我常常给小宝做抬头、胸部支撑、大龙球俯式、仰卧坐起等游戏，早就为他的"爬行表演"做好了充分的准备。

刚开始，小宝在床上练习，席子很滑，我就帮他抵住小脚，给他助点力，后来慢慢地会翻身以后，他的身体就会拐弯了，也可以用肚皮打转，然后就自己爬了。在床上时，我们很担心他会从床上掉下来，后来我们发现，孩子其实很有自我保护意识，到了床边，他会用手试探一下有多深，发现不能爬过去，就返回。

为了让宝宝尽快突破有纵深感的高度，有一次，我特意把他带到外面去爬台阶。我故意把他放到20厘米高的台阶上，让他自己爬上爬下，她会用手、脚侧身去试探，大约5分钟，他基本上就能成功翻越了。我会把双手一直放在台阶下方，以防万一。但是，这个意外从来没有发生过。

每当小宝成功爬越，我就紧紧地抱着他、亲吻他，给他大大的鼓励，他也因此更加有兴趣和信心。后来我又增加到30公分的高度，最后当我们再回到床上时，他就会自己返过身体从床上滑下来了。

户外，是宝宝学习爬行的天然课堂。家里的木地板和大理石地板太光滑，对孩子的刺激远远不够。

育儿专家说，每天的爬行时间要达到两三个小时，爬行多累呀，宝宝也是有惰性的。所以，我每天都会带宝宝把户外爬行一到两次，让他更有挑战性和兴趣。

来到户外，我会脱下孩子的鞋子，让他空手赤脚地爬各种地面，如木板小桥、凹凸不平的鹅卵石地面、草地、玻璃、绿道，我们还爬过各种地形，如上下斜坡、高低不一的台阶、圆形球……与此同时，我们还探索了各种树叶、小花、小草、泥土。当然，对场地的选择一定要安全，但是卫不卫生就因人而异了，千万不要强求。

我也会经常带宝宝去商场里的攀爬乐园，让他在里面体会可以完完全全自由爬行的欢畅感觉。

到了小宝11个月的时候，我们家的老人说别爬了，你看他都想走路了，整天在地上爬来爬去的，脏死了，容易生病。不过，说实话，我家小宝在整个爬行期间，真的是没有生过一次病呢，太给老妈长脸了！

孩子的爬行要到什么时候结束？我觉得没有人为结束的时候，应该由孩子自己说了算吧！算算时间也不短了，从7个月开始，到他1岁1个月时，他爬行了将近7个月，我想这就是因为没有人为干预的结果。后来，当他一开始会走路，一下子就走得很稳了，极少有摔跤和磕磕碰碰的情况。

这一年我全职在家带孩子，在小区里经常会遇到老人家，我会跟他们一起带孩子玩。在这个过程中，让我感到隔代教育的"代沟"还是挺大的。

有一天，我和3个奶奶在楼下健身小花园带孩子玩，他们的孩子分别是7个月、10个月和1岁，都不会爬。我一到楼下，就把孩子放到地上，让她自己玩。过了一会儿，3个奶奶就开始说话了：呀，你家小宝好乖哟，好听话，可以在地上爬这么久。我家的懒得很，不会爬，在家里，一放下就哭。我说：阿姨，每个孩子都会爬的，这是本能。奶奶就反驳我说：不是的，他就是太懒，不想爬，他现在站得挺稳的，可能要走路了。我不知道奶奶的判断是否正确，但是有一点可以肯定，他们没有给孩子创设让他愿意"持续爬"的动力。

3. 走路是平衡协调力、耐力和心理突破性发展的里程碑

著名教育家蒙台梭利说：儿童学会走路是他的第二次诞生，他将从一个无助的人变成一个主动的人。这一个里程碑式的发展，我们有为孩子庆祝一番吗？

当孩子会走路以后，他身体的平衡和协调性会大大增加，每天漫无目地行走，会让他身体的耐力得到进一步提高。

有一本书叫《牵一只蜗牛去散步》，这本书曾经给我很大的惊喜和感

动。当孩子刚学会走路的第一年，我觉得他就是那只小蜗牛，他是来带给父母成长和惊喜的。他用走路的方式宣告：我是一个独立的人了，我可以自由探索了，我长大了，你们要把我当独立的人来看了。但是，不好意思，我其实还很弱小，很缓慢，又很莽撞。我走累时，你们还是要抱抱我。

小蜗牛宝贝，我们知道你长大了，这是你开始独立的一年，有时你会牵着我，有时我会牵着你，这绝对是一段难忘的生命之旅！

每个宝贝的"行走之旅"都值得被记录下来。

我至今还记得小宝学会走路的每个场景。

9个月时，小宝就会扶着东西站起来，但是因为腿部力量和腰部力量不够，他常常跌坐到地上，奶奶想去扶他，帮他站立，但是他不愿意，他想自己来。

10个半月时，小宝能自如地上下爬滑梯，不用大人扶了，他对外部环境充满了探索的欲望，他每一个身体动作都是干净利落的，充满自信。

11个月时，他的身体已经非常灵活，无论是爬、坐、站还是转身，动作极为迅速，扶着沙发桌子，就能走几步。

还差10天满1岁时，他开始放手自己走路了。虽然会不停地跌倒坐下，跌倒再爬起，但是他的眼神坚定而执着。有时，我会站在离他1米远的位置，伸出手来，等他向我伸手，但是他不会看我，还是自己专心往前走。

那段时间，我们全家人常常聚到客厅，看小宝"学走路"的表演。他就像一个小明星，自豪地向我们展示他的技能，全家人为他鼓掌喝彩。

在户外时，他到处都想去，还想走台阶，我也不阻止，只是伸出手在旁边，耐心陪伴，跟随他到处漫游闲逛。

我常想，走路摔跤对于这么小的孩子来说意味着什么？是挫折吗？应该不是。摔倒了要爬起来，这只是生命进程中最自然而然要发生的，不需要他人的帮助，也不会有挫败感。这是每个生命自然要往前走的源动力啊！

可是，为什么成年人对孩子学走路有那么多的担心呢？各种"学步工具"——防摔带、学步车比比皆是，这很让人匪夷所思啊！想要使用这些工具的成年人是多么傲慢，孩子在他们眼中到底是一个怎样的物品呢？

不想让孩子摔跤，就相当于在跟孩子说：

（1）孩子，你的生命体验不重要。

（2）孩子，因为我爱你，所以我要操控你。

（3）孩子，有我在，你不会摔跤。

天哪，我们凭什么可以剥夺孩子的生命体验，我们凭什么可以掌控孩子的人生，只要有我在，我们就能保证孩子一辈子不摔跤吗？

宝贝，你长大了，每一位家人都爱你，每一位家人都希望看到你快乐健康地长大。

为了爱你，我们愿意回到你的生命节奏上来，让我们慢慢体会一起"散步"的日子，一起慢慢长大！

4. 孩子力量感的展示，是因为空间敏感期到了

唉呀，1~3岁的宝宝真的是觉得自己长大了，当我们发现他们开始到处翻抽屉，爬桌子，不停地推箱子、凳子，专门喜欢走高低不平的路面，把手中的东西到处乱扔……那么，恭喜你！你家宝贝的空间敏感期到了。这个敏感期跟孩子的运动能力有很大的关系。

当孩子处在空间敏感期时，他也控制不住他的身体啊！

他的手臂要探索，力量有多大，是否能拿起大大的快递纸箱；他还想尝试帮你搬运和推拉椅子；他还想爬到高处伸手去拿他以前总是看到却够不着的东西；他还想把球踢得到处跑，把手里的东西扔得远远的；他还想在大衣柜和桌子底下钻来钻去……

这一切的尝试，都需要成年人的陪伴和允许，否则他们身体的力量和敏捷性、持久性、柔韧性都很难得到发展。这也是每个孩子到了这个敏感期所必须要经历的。

希希宝宝快两岁了，最近他的状态有点让妈妈和外婆看不懂，因为他突然开始喜欢扔东西，抓到什么就扔什么，玩着玩着积木，也没什么情绪，他也会推倒乱扔。吃饭的时候，递给他什么工具，他就扔什么工具。后来不给他工具了，他就吃什么扔什么。外婆很生气，觉得孩子就是故意在搞破坏，浪费食物。甚至外婆还对孩子大喊大叫，打希希的手，好让他"长记性"，停止扔东西。

这样的情况大概持续了两个月。

妈妈还是挺包容的，只要妈妈在家，希希的这种行为就会变本加厉，因此外婆觉得妈妈是在溺爱孩子。

直到有一次，希希从阳台上把一个积木丢了下去，因为他们住15楼，这还是挺危险的。妈妈才第一次正式地"教训"了希希。

其实从敏感期的角度来看，孩子的这些身体探索行为挺正常的，他们就是在扔啊、踢啊、丢啊，在这样的过程中去观察不同物体的状态和特点，掉在地上的声音、状态，反复感受一件物体在手里抓握，然后再扔出去的感觉，同时观察一件物体离自己远和近的差别。

从心理角度来看，孩子扔东西也是在寻求父母关注的一种方式，是在告诉父母，你看，我学会了新技能。因为他会发现，我扔出去，会有人把它捡起来，还会跟我说话，所以，我就不断扔出去，吸引父母的注意，这样就有人跟我互动玩耍了。

但是这个阶段会让成年人很担心，也很操心，孩子突然给父母增加了不少麻烦。当然无论孩子怎样探索，不能影响别人，不能伤害环境。父母需要在家里给孩子充分探索的机会，并告诉孩子哪些可以扔，哪些不可以扔，把贵重和危险的东西收起来。也可以准备不同的材料，跟孩子多玩"扔掷游戏"，让他充分感受不同材料扔出去后有不同的反应，只要他体验过了，满足过了，这个阶段的探索就结束了。

6.2 如何让孩子在运动中提升感统能力

3岁前这个阶段，玩耍、运动、游戏其实就是"同一个词"，对于孩子来说，玩就是运动，运动就是玩，所有的游戏也是在运动，运动也像游戏一样好玩。运动，这是孩子们的生命状态、生活日常。如果父母能够懂一点感觉统合的知识，把它随意融入孩子们的日常活动中，给孩子多一些攀爬跑跳的机会，这就是在给孩子做重要的大脑潜能开发了。

我们在第一章节中讲到"感觉统合"对孩子心理和智力发展的影响，如果我们能从0~3岁就开始做起，并抓住0~6岁的最佳发展期，那孩子将来在学习上一定是个"小学霸"，让父母少操心！

0~3岁婴幼儿感统能力训练，主要围绕三大能力展开：五感、前庭觉和本体觉。五种感官的训练，重点放在"触觉"训练上。

下面我们就这三种能力训练如何在家庭中，通过每天的日常活动来展开，给大家一些建议。

1. 五感游戏，调动感官，全心投入

触觉游戏：

从头到脚，全身刷：轻擦孩子的头部、背部、腹部、腕部、颜面部、手、脚等部位的皮肤，来进行触觉的强化。工具包括：干毛巾或柔软的绸布。

（1）妈妈的身体也可以是一个很好的道具哦！用人人的身体跟宝宝的身体全面接触、摩擦，这对剖腹产宝宝来说是一种高级疗愈。

（2）每个孩子的反应不一样，反应敏感的孩子不要太用力，选择按摩的材料要轻柔；对反应迟钝的孩子用力可稍大些，以活化他的接收神经，选择的按摩材料可以更大胆一些，如小刺球、毛刷、粗布等。

（3）为了让孩子放松、不紧张，可以边按摩边讲故事或唱歌、放音乐，维持轻松快乐的气氛。

推荐几个"按摩互动歌"：

《萝卜按摩操》

切萝卜，切萝卜，妈妈切个大萝卜（一边用手掌根在身上切）。

捏萝卜，捏萝卜，妈妈捏个大萝卜（一边用手在身上捏）。

压萝卜，压萝卜，妈妈压个大萝卜（一边用手或身体在宝宝身上压）。

拔萝卜，拔萝卜，拔出一个大萝卜（把手、脚往外拉）。

……

《包饺子按摩操》

宝贝，我们今天来包饺子啰！

和和面呀，和和面（用手在身上乱摸，宝宝很开心）；捏面团呀，捏面团（用手在身上到处捏）；擀面皮呀，擀面皮（用手握拳头，在身上擀）；今天包个什么馅呢？嗯，给小手包个猪肉馅（把小手打开，假装放上东西，然后把小手合拢捏一捏），给另一只小手包个牛肉馅吧。给耳朵包个韭菜馅吧（最后把耳朵捏一捏），给小脚包个芹菜馅儿吧（最后把小脚捏一捏）（我们可以创作出各种动作，孩子很有新鲜感）。

《洗车按摩操》

洒洒水（用五个手指，在身前后背，到处乱点）。

擦泡沫（用手掌上身体涂抹）。

洗车身（按摩的力度更大一些）。

拧螺丝（食指和中指按在身体的某个位置，转一转手指）。

吹干净（用嘴在全身吹）。

出厂啰！

结束后，还要胳肢一下宝宝的腋下、脚心，唤起宝宝的愉悦情绪。最后，别忘记了一定要跟宝宝说，亲亲我的宝贝，我爱你哦！

（4）其他触觉训练的方式也有很多：跟孩子一起游泳，让孩子多玩水；孩子洗澡时，用莲蓬头喷射孩子身体的各个部位；两岁后，给孩子洗澡时，用毛巾给全身搓澡；用冷、温、热三种不同的水温，让孩子分别去体验；让孩子多玩沙、玩泥巴，跟孩子一起捏泥球；大毛巾包裹宝宝来回滚动；用吹风筒吹手心手背、脚心脚背。又如到户外，让孩子在沙地、泥浆、草地、碎石子地上做游戏；用手摸摸石头、捡捡树叶，做做大自然的手工游戏。

嗅觉游戏：

（1）准备一些味道不同的物料，如，醋、大蒜、香水、柠檬、花朵等。

（2）把这些物料装在同样大小的味觉瓶，然后拿到孩子面前挨个让他闻，闻到每个都告诉他是什么味道。如果孩子年龄小，一次不要让他闻太多，慢慢增加品种。

（3）随着孩子年龄的增长，再增加趣味性，找一个布带或眼罩遮住孩子的眼睛，然后再次把瓶子拿到孩子面前，让他说出每种物料的味道。

建议多带孩子到大自然中去闻闻不同的味道：风的味道、雨后泥土的味道、不同树和花的味道、江边的味道、菜市场的味道、不同水果、不同蔬菜的味道……

味觉游戏：

（1）准备酸、甜、苦、微辣、咸等味道不同的物料，在孩子6个月添加辅食后，就可以用筷子蘸一点放到孩子嘴里，让他感受。

（2）随着孩子年龄的增长，可以吃到嘴里的食物越来越多，父母也可以用玩游戏的方式来猜猜吃到嘴里的是什么。

听觉游戏：

（1）宝宝三四个月躺在床上，父母在宝宝的手脚上分别绑上绳子，绳子的另一头系上铃铛，宝宝手一动，铃铛就会响，脚一动，铃铛也会响。宝宝自己就可以很开心地在床上玩游戏了。大人也可以在一旁跟孩子互动，让孩子玩得更开心。

（2）听不同节奏的音乐，抱着宝宝走、跑、跳、转、停、飞起来、蹲下去、落下来……

（3）听不同风格的音乐，拍打宝宝身体的不同部位。

视觉游戏：

（1）父母给三四个月的宝宝看黑白图片，通过左右前后位置的移动，让宝宝做视觉追踪。

（2）父母跟宝宝一起看绘本。

（3）父母跟两三岁的孩子一起玩简单的拼图、几何图形嵌板、圆柱体插座，等等。

2. 前庭觉游戏，利用室内户外，玩转平衡

（1）0~1岁，每天用摇篮摇一摇，根据孩子的月龄，时间从10分钟慢慢延长。也可以让孩子躺在吊篮里，做360°全方位旋转，但要看孩子的感觉和反应，一定要让孩子心情愉快地进行。

（2）1岁以后，利用小区的健身器材或滑滑梯等器械，让孩子多攀爬，多玩耍。特别是荡秋千，是一项很好的前庭训练方式，如果孩子刚开始害怕，可以慢慢尝试，千万不要以为孩子害怕，以后就不让孩子玩了。

（3）我们小时候常玩一种叫"跳房子"的游戏，就是在地上画10个格子，再写上10个数字，有的格子单脚跳，有的格子双脚并拢跳入，最后再接住父母扔过来的小皮球，跑回起点。

如果孩子年龄小，还不会跳，可以用走的方式，一个脚走一个格子，这样可以训练孩子的视觉运动和身体间的有效协调，双脚交互前进也可以训练身体平衡。

（4）直线游戏：在家里或户外画一条直线，也可利用地板砖的直线，让孩子双脚踏在这条线上，要求是左脚跟紧接着右脚尖，迈步后右脚跟紧接着左脚尖，然后还可以交互前进双手平举，以保持平衡，也可以前进的路线变成直角转弯，斜角前进或做圆线弧形前进，或者让孩子手中拿着东西，双手端着八分满的水杯，增加趣味性。父母要一起跟孩子比赛哦！

（5）跟孩子一起跳舞，也是一项很好玩的亲子游戏，放上不同风格的音乐，跟孩子一起跳舞，你要跟孩子一起疯狂地跳起来。你们可以互相模仿，互相影响，共同创造新动作！

（6）户外有很多可以训练平衡的东西，如窄窄的台阶或是花基，非常粗的钢管，走上去就好像走平衡木一样。牵着孩子的手走一走，孩子可以兴奋地不断地走，因为它具有一定的挑战性，这让孩子觉得刺激！

在这方面，我也是一个极度爱给孩子创造环境的妈妈。

家里的各种家具都被我利用上了。甜宝两岁时，我会牵着她的小手走沙发，这个旧沙发已经用了8年了，好多地方都变软了，踩上去深一脚浅一脚的，但是我发现这是一个很好的工具，可以训练孩子的平衡力，而且可以随便跳，不心疼，后来一直用到甜宝4岁，才换了新的沙发。

有一天，甜宝爬上了吃饭坐的椅子，站在上面高兴地说："我在上面，我在上面。"看到她还站不太稳的样子，我有些担心，但是，我知道这也是训练她平衡力的好机会。于是，我让爸爸在旁边保护她，我自己站上了另一张凳子，跟她一起说"我也在上面，我也在上面"。她好像一下子找到了某种联系，马上跟我说"我们在上面，我们在上面"。

哈哈，只要父母的意识到位，教育无处不在。

3. 本体觉游戏，多多互动，使用工具

（1）多跟孩子玩"钻山洞"游戏吧，父母可以把自己的身体当山洞，手臂、四脚、肚子都可以变成一个一个的洞洞，让宝贝来钻哦！

（2）跟孩子在床上玩翻跟斗的游戏，或者帮助孩子翻跟斗，孩子会觉得很有趣。

（3）跟孩子在床上玩"蹬飞机"，大人仰面朝上，用双脚把孩子的身体支撑起来，双手扶着孩子的两个胳臂，让孩子像个小飞机一样翅膀高飞。

（4）跟孩子一起玩拍皮球吧，这是孩子们乐此不疲的游戏，可以慢慢增加难度，分左右手拍。

（5）让孩子把各种小车都玩得溜溜的，如平衡车、滑板车、扭扭车、自行车，这对孩子的本体感觉有很好的刺激作用。

（6）让宝宝多玩玩搬运东西的游戏也是挺好的，当我们自己在忙碌时，一定要记得给自己找个小帮手哦！有时帮帮倒忙，也是有必要的！

（7）让宝宝多玩一玩各种工具，如拧螺丝、敲锤子、切切乐，等等。

亲爱的爸爸妈妈们，只要我们时时用心，处处都是运动游戏的场所。

同时我们也要知道，并不是所有的运动都叫感统运动，不要以为只要宝宝每天都在动，他的感统能力就能得到刺激和提高。

科学训练和用对方法，才能事半功倍！

总之，只要我们给孩子足够的自由，只要我们有意识地把以上内容先用起来，只要我们做一个有心的父母，孩子的身体和心智都可以得到同步发展，成为一个小小运动健将，为他下一阶段的成长，为将来的学习，做好充分的身体准备！

第7章

情绪维度：
可怕的不是两岁，而是你不懂他的情绪

天使醒来，发现这是一个"复杂"的情绪世界。

胎儿降临到这个世界，是哭着来的，这既是因为生理上的需求，也是他们对来到这个世界表达"惊恐"的一种方式，哭只是他们发出的一种信号。其实这很容易理解，小婴儿饿了要吃奶，渴了要喝水，他又不会说话，那就只能用哭来表达。

所以说，婴儿的"哭"不是情绪，是他的想法，需要成年人去解读，去猜测哭声背后他要表达的意思，然后才是去解读他的情绪。

随着月龄不断增长，小婴儿对情绪的体验和表达越来越丰富，既包括自己的，也包括别人的，总之，他会发现，这个世界充满了情绪。

在宝宝0~1岁这个阶段，母亲的情绪极大地影响着宝宝的情绪，因为"共生现象"，小婴儿会误认为妈妈的情绪就是他的情绪。如果母亲很愉快，孩子就更多体会到愉快的情绪，母亲多生气，孩子就多体会到生气。尤其是产后抑郁的情况，如果母亲情绪不稳定，孩子也会出现情绪障碍，严重的话，还会出现睡眠障碍。专家们认为，这样的孩子长大后，还很容易出现消极的认知、情感和行为，而且会提早感受到生活的压力。这一点，我深有体会，在我生小宝后陷入产后抑郁的两个月里，小宝的情绪和睡眠都极不稳定，我也带得很辛苦。

0~1岁的小婴儿就会体验到四种基本情绪——愉快、生气、悲伤、害怕。他们的情绪接收方式是靠感觉，通过感觉把他人的情绪能量全部照单收进身体，他们的表达方式是"非言语式"的，全靠肢体和表情，这就给父母带来了很大的理解难度。

情绪的发现，对孩子来说，是一个奇妙的过程，如果把情绪比喻成一匹马，3岁前孩子就处在驾驭马儿前的观察阶段，他会发现，这匹小马真奇怪，有时很开心，有时会发狂，有时会平静，有时会无聊。同时他也会发现，跟成人之间的较量和冲突，怎么变得越来越多了呢？为什么我会有这么多情绪呢？这对孩子来说，是一个智力高速发展的阶段。

随着孩子年龄的不断增长，大脑边缘系统的不断发育，大概从1岁半开始，我们会发现小宝贝的情绪变化更加明显，还会出现惊奇、得意、沮丧、分离焦虑和陌生人引起的痛苦感等情绪。等宝宝开始对自己的行为做出判断时，他们又会出现更复杂的情绪，如当他们成功时表现出骄傲的情绪，微笑拍手大喊"我成功了"；失败时表现出羞愧，意识到我做不好，我不行，出现消极的情绪。

再者，随着孩子自我意识的出现，敏感期的出现，孩子会产生很多的情绪反应，如打人、咬人、执拗地哭、用尖叫来表达自己的愤怒，这些也跟大脑发育有关系。

所以，有人说这是"可怕的两岁"。

其实孩子只不过是在学习如何表达情绪而已，他们还没有办法掌握好这项技能，需要实践和学习。为什么要对孩子表达情绪有这么苛刻的要求呢？很多成年人自己也未必掌握得好啊，有的成年人生气时会尖叫，有的成年人有情绪时关门会"呼"的一声，不计后果。对于孩子来说，表达情绪的时候没有动作是根本不可能的，所以，对于一个两岁儿童来说，要通过哭、运动、语言来发现情绪、表达情绪，太正常了。不正常的是，大多数成年人会将这些看成是乱发脾气的表现，还会担心孩子因强烈情绪的表达导致暴力，所以我们会硬生生地阻止孩子表达激烈的情绪。

我想这就是成年人需要深入学习和改变的地方，3岁前的孩子正处在发现情绪的敏感阶段，我们不必过于担心。此阶段，读懂和接纳孩子的情绪比担心和评判更重要。

会表达情绪的孩子不可怕，可怕的是当孩子有情绪时，你在给孩子传达怎样的情绪。

这个情绪的世界不可怕，可怕的是成年人所表达的情绪让孩子失去安全感和对世界的信任。

下面这个案例虽然不常见，但在情绪传递上，却具有普遍性。

洋洋一出生就被诊断为缺氧性脑病，医生说可能会引发智障，因此从洋洋一出生，妈妈就常常带他到医院做治疗。6个月时，又因肺炎住进了医院ICU，两个月后才康复出院。这一路的折腾，让妈妈非常担心洋洋的身体。

虽然后来孩子的身体越来越好，也没有出现医生所担心的智力不正常，但是妈妈还是没有彻底放下这份担心，孩子的身体一出现"风吹草动"，妈妈就特别紧张。

到了孩子五六岁时，其实身体已经没有什么大碍，也没有出现医生说的"智障"，可是妈妈总觉得孩子有些地方不对劲儿，因为孩子给人的感觉就是不自信，易退缩，胆小怕事。

原来，这几年妈妈一直在给孩子传递"恐惧"，妈妈一直在用行动告诉洋洋"你有病，你的身体不好，你跟正常人不一样，妈妈很担心你"。于是这种情绪深深扎根在洋洋的身体里，他很难相信"我的身体只是以前不好，现在我已经是一个健康的人，我可以相信我的身体"。

情绪是一种能量，情绪是会互相影响和传递的。孩子在生命的头三年，就一直在情绪的旋涡里晕头转向。清醒而高情商的父母可能会快一些帮孩子梳理清楚，可是如果遇到自己都常常被情绪控制的父母，那孩子想要好好理解这个复杂的情绪世界，就太难了。

7.1 宝宝的情绪敏感而夸张，来得快去得也快

作为经常带孩子的妈妈，我们很能体会宝宝的情绪是如何发展变化的，所以我们没有必要跟宝宝的情绪较真，否则我们自己的小心脏没法适应孩子这么快速的情绪变化。

情绪来得快，去得也快，这是妈妈们的共识。

宝宝可能前一分钟还在开心玩耍，下一分钟就变得烦躁不安，或者前一

片刻还在激动地说"不"，下一秒就爬上你的膝盖要你抱抱。他们的愤怒总是歇斯底里，他们的高兴也是肆无忌惮。如果孩子害怕了，那也是真的害怕，需要我们马上放下一切去安抚他。

来看看宝贝们敏感而夸张的情绪片断吧！"可怕的两岁"，就是情绪本身！

片断1：小宝两岁时，在商场看到一个小丑人充气球，他高兴得手舞足蹈，笑得歇斯底里。爸爸看了一下，跟妈妈说，有这么夸张吗？高兴成那样。是的，这就是孩子，愉快的情绪就是需要充分地释放和夸张地表达。

片断2：邻居的小孩，3岁。有一个晚上，在他们家传来了撕心裂肺的哭声，整整两小时。原来，这个小男孩想玩球，在家里把球踢来踢去，惹恼了爸爸，爸爸叫他不要在家里踢，孩子不听话，爸爸一气之下，打了孩子几下，孩子不依不饶地哭了两个小时。

片断3：朋友带着3岁的女儿到我们家玩，动不动就哭。她妈妈说，不要哭了，好好说，女儿说，我不想哭，是她自己要哭。大人说，自己用手堵住嘴，孩子说，我堵不住，还是想哭。孩子的回答让我们大人偷着乐。孩子讲的是大实话，确实控制不住自己呀。

片断4：两岁的小女孩在受到爸爸的责骂后很生气，冲着爸爸喊："我看见你很生气，爸爸，我走了，再见！"

片断5：1岁9个月的小宝和另外一个小朋友抢玩具，又哭又拽，我跟她说，这是别人的玩具，那个才是你的玩具。说了好几遍后，她收起执拗的情绪，自己走开了。

片断6：小宝不喜欢刷牙，总说痛。我说帮她刷，她也不愿意，总是又哭又躲。每天晚上因为刷牙，总要折腾半个小时。于是，我说你哭吧，哭完也是要刷的，约5分钟后，她自己抹干眼泪说，不哭了。

总之，无论发生什么事，总会伴随孩子各种各样的情绪！

7.2　主要抚养人是孩子一生的情绪榜样

我常常问，你是孩子生理意义上的父母，还是心理意义上的父母？很多父母不明白其中的道理。当今社会，父母们越来越忙，带孩子的任务主要是交给了老人、保姆或托育园老师，一天24小时，谁是主要跟孩子在一起的人，谁就是对孩子情绪影响最大的人，这样的人可能会成为孩子心理意义上的父母。

3岁之前的孩子，太依赖于成人的照顾，所以在婴幼儿身边越长的人，对孩子情绪的影响越大。情绪稳定的成年人，用接纳、理解、尊重和爱，给了孩子一个平和、安全、信任的世界，而一个情绪不稳定的成年人，则是用恐惧、威胁、分裂和打击，给了孩子一个混乱烦躁、危机四伏的世界。

1. 孩子会复制抚养人的情绪反应模式

为什么我们释放什么情绪，孩子就复制什么情绪？这是有科学依据的。

1995年，意大利脑科学专家通过将微型电极植入猴子的大脑，借此监测猴子肢体运动的脑细胞活动情况，由此发现了"镜像神经元细胞"。他们发现，当一个猴子在剥香蕉时，另一只猴子在看，虽然看的猴子只是安静地坐着，但是它大脑内对应的镜像神经元细胞也处在活化状态。

这个实验证明，你并不需要有意识地去模仿，你大脑内的镜像神经元，就会不由自主地去模仿。研究者们发现：这些镜像神经元，不但可以模仿他人的动作，还可以模仿其他人的情绪状态和意图。

所以，父母真地要很小心，要成为孩子积极正面的榜样。我们的一言一行，无论想不想传递给孩子，孩子大脑皮层内的镜像神经元，就已经不由自主地接收并模仿了。

睿睿是个两岁半的小宝贝，刚来托育园时，因为没有安全感，常常哭，老师总是温柔地把他抱在怀里，帮他擦眼泪，轻声细语地安抚他，同理他的难过情绪。后来，园里又来了一个小宝贝，这个小宝贝也一样地常常哭，睿睿看到后也会像老师一样去安抚他，给他递纸巾，摸摸他小脸蛋上的眼泪，拍拍他的背。

这样的模仿是正向的，当然没有问题。可是很多时候，孩子模仿到的却是冷漠、愤怒、回避和指责。

我曾经在电视里看到一个育儿节目，如果不是拍出来，真的很难想象一个3岁的姐姐，会对1岁多的弟弟，随时随地大打出手。

姐姐打起弟弟来可狠了，不高兴时要打，高兴时也不愿意分享玩具，扇耳光、敲脑袋、戳眼睛是常事，看见弟弟吃东西，嘴里的食物也要抢走。

姐姐的行为是从哪里学来的呢？一定是有其母，必有其女呀！

姐姐不吃饭，外婆操起衣架子就打！一边打一边把饭塞进姐姐的嘴里……

姐姐不听话，妈妈惩罚姐姐的方式，不是打，而是用针扎！

爸爸下班回到家，要不做甩手掌柜，要不也是拿起衣架就打。

天哪，一家人都用打来解决问题，老大能不打老二吗？

父母用简单粗暴的方式来对待老大，老大当然也是用同样的方式来教训老二了！

这一家的成年人都是没有长大的孩子，他们也曾经是受过伤的小孩，他们在养育孩子时，没办法用理性来传递信息，只靠本能情绪来发泄，孩子最终就成了出气筒，然后代代相传。

所以，养育孩子真的不是那么简单的事，如果成年人对自己的情绪和行为模式没有一丁点的觉察，那随着时间的推移，小问题就会变成大问题。

下面这个案例可能会戳中很多妈妈的痛点，孩子太小，自己又不得不上班，总觉得对孩子有亏欠。

乐乐1岁多时，妈妈要出去上班了。每天的分离时刻对于妈妈来说是最难的，因为乐乐总是哭着闹着要跟妈妈一起走。妈妈由此感到很愧疚，她也想多一点陪孩子，可是现实又不允许她做一个全职妈妈。

于是每天出门前，妈妈都要给乐乐做出各种承诺，如妈妈下班时会给你带个玩具、一个糕点、一个礼物……总之，每天都要变着花样地给孩子带礼物回来，孩子也每天对妈妈回家就要送礼物，充满了期待。如果有哪一天没有兑现，孩子就会有情绪。

这种情况一直持续到上幼儿园，孩子总是三天两头地不想去，妈妈总要变着花样地哄孩子。到了上小学一年级，同样的事情再次发生，乐乐用同样的方式威胁妈妈说学校不好玩，好无聊，不想上学，你要给我买手机我才上学。妈妈这才醒悟到，可能是自己的教育方式出了问题。

这里面的道理很简单，当初妈妈因为自己愧疚的情绪得不到释放，就用物质来控制孩子的情绪，不想孩子出现分离焦虑，不想孩子难过。于是孩子就学会了用情绪来控制妈妈的行为，这种操控与反操控的心理游戏，他们"玩"了五六年，慢慢就成为一种相处的模式和习惯。

看到这里，作为父母我们应该做出怎样的思考？

2. 父母应该努力成为情商高手

你是一个高情商的父母吗？0~10分，你会给自己打几分？

如果你的孩子在0~3岁，你给你的亲子关系打几分？

按道理来说，孩子越小，亲子关系会越亲密，可是我依然会听到一些妈妈跟我说，孩子不黏她，或者孩子跟爸爸不亲。每次听到这样的答案，我都觉得很痛心。这样的父母到底做了什么，让小宝宝无法在父母身上建立起安全依恋，这样的父母真的是非常需要提高情商呢！

EQ是"情绪商数"的英文简称，简单来说，EQ是一个人认识自己情绪、管理自己情绪的能力。情商，又称为"情绪智力"，由两位美国心理学家约翰·梅耶和彼得·萨洛维在1990年首先提出来的，它包括：认识自身情绪的能力、管理自己情绪的能力、自我激励能力、认识他人情绪的能力和人际关系处理能力。

面对3岁前的孩子,其实并不需要成年人具备多么高深的情商能力,能做到以下几条就足够了。

（1）情绪稳定,多一些积极乐观开心的情绪。

（2）无论孩子的情绪多不稳定,也要管住自己的情绪。

（3）对自己的情绪有一定的反省力,无论如何不能用情绪伤害孩子。

（4）始终相信自己是一个好妈妈、好爸爸。

（5）不能打骂孩子。

（6）当孩子用情绪来表达时,允许孩子表达,同时要温柔而坚定地守住自己的底线。

（7）坚信你是教育好孩子管理情绪的第一责任人。

真的容易吗？可能并不容易,因为守住界限,管理好情绪,可能就足以修行一辈子。

琪琪在游乐场玩蹦床,旁边有一些别的小朋友,她还不到3岁,看到哥哥姐姐在旁边跳来跳去,她有点害怕。后来在妈妈的鼓励下,她尝试着跳了几下,觉得挺好玩的,又继续大胆地高高跳了起来。大概玩了半个多小时,后来一不小心,她跟旁边的一个小姐姐撞到了一起,吓得哭了起来。

妈妈赶紧过去抱起琪琪,安抚她的情绪,也看到孩子并没有受到太大的身体伤害,可能是吓到了。可是琪琪还是不停地哭,妈妈刚开始挺有耐心,感受到了孩子的疼痛,可是当孩子的情绪还是断断续续时,妈妈就自以为是地说"琪琪跳累了,琪琪想吃东西了"。结果琪琪的情绪更大了。

其实这个时候琪琪需要的是妈妈看见她的害怕和沮丧,以及"我太小了,我一不小心就会受伤"的挫败感。如果妈妈用的方式是错误地解读孩子情绪的真正原因,那孩子就会感受到"我太小了,我确实不行"。但是,如果妈妈用的方式是正确解读孩子的情绪,说出孩子沮丧的真正原因是害怕,以及突然被撞击到的恐惧,孩子的情绪可能就会因为被理解而自己慢慢地消化。

不过好在琪琪的妈妈并没有完全忽视孩子的情绪，没有说"不要哭了，哭得太丑了"，也没有说"这里很安全，你不应该这么害怕"。

所以，做一个懂孩子情绪的父母，有时看上去很容易，有时可能很难。

不仅仅是父母要成为管理好情绪的人，围绕在孩子身边的每一个成年人都应该是高情商的人。当然现实可能做不到这一点，哪怕是孩子的父母都不可能完全做到。

在这里，我给父母们提出三点建议：

（1）父母是教养孩子的第一责任人，为了孩子成为高情商的人，自己必须要先朝着高情商父母的路径去学习成长。

（2）如果自己没时间带孩子，一定要选择一个情绪管理较好、性格温和的人来帮忙带养孩子。

（3）如果实在找不到高情商的带养人，那就为孩子选择一个专业的托育园，把孩子交给专业的老师。

父母们一定要明白，孩子身体上的伤害是看得见的，可以尽量避免的，但是孩子心理上的伤害是看不见的，是随时有可能发生的，而保护好孩子的情绪，就是在保护孩子的心理。

7.3 连接孩子"非言语情绪表达"的小技巧

1. 倾听并细心观察婴幼儿的肢体语言

我们常说面对孩子的情绪需要倾听，可是3岁前的婴幼儿语言表达能力有限，我们倾听不了他们在说什么，那还需要倾听吗？是的，倾听是平复情绪的"法宝"，无论孩子多大，都管用。

倾听是一个人全身心地去感受对方，不仅是用耳朵，还应该用眼睛、大脑和心，甚至更重要的是"心"，用心灵去连接孩子的心灵。倾听是一种身体的连接，它完全是非语言化的，只要我们抱着孩子、摸着孩子、陪着孩子，哪怕什么都不说，也可以听到孩子情绪背后的声音。

倾听有一个重要的条件，那就是放松的心态，松弛的状态。是否能够真正倾听孩子情绪背后的动机，这对父母的内在状态要求很高。如果不是由内而发的倾听，不能从心里生出那份轻松和淡定，只是外在装出来的，这是不能持久的。也就是说，"倾听"不是一个技巧，装不出来，它是一种心态和品质，是一种由内而发的高境界生命状态。

3岁前的孩子，尤其需要倾听，因为他们的语言表达能力有限，经常用情绪来表达，如果我们不会倾听，那我们根本就听不懂，甚至还会误会孩子的情绪，沟通就会变得更加困难。

如孩子在和你玩耍时候，会突然毫无征兆地打你一下，这时候你立刻会恼火，你这孩子怎么这样……但是接着你更恼火，她又打你一下。孩子这是在干什么呢？这时，如果我们只看到他"打人"的动作，可能会很生气，但是如果我们能看到她的表情是"轻松的、愉悦的"，我们的火气就会消掉一半，因为我们知道孩子不是在表达情绪，她只是想跟我们玩，她只是不知道怎样正确地表达。

再如，孩子说"你是一个坏妈妈"，这个时候，如果我们只听到孩子的语言，可能会觉得很生气，很无奈，但是如果我们能多观察一下，或者多倾听一下他的身体反应，我们可能会看到他的表情只是想表达愤怒情绪，或者对当下没有得到满足的失望，而不是一定认为你就是一个"坏妈妈"。那我们就不会那么在意孩子说的话，而觉得自己很受伤、很委屈。

当孩子有情绪时，我们要密切注意孩子的面部表情、哭声的高低、姿势，倾听他们说的话。不需要急于去做反馈，而是一定要细心观察，看看他情绪表达的背后，是想表达想法还是想用情绪来提醒别人的关注。

在情绪训练方面，老师也可以助孩子一臂之力。

两岁半的恒恒在托育园里，总是爱用情绪来表达自己的需求。在刚入托的头一个月，他没办法在教室里待太长时间，通常是5分钟左右，他就想出去。可是门口有个小栅栏，打不开，他就站在门口哭，很大声地哭，他就是想表达"我要出去，不想待在教室里"。以前，他用情绪来表达，老师们都懂他的意思，就直接把他放出去了。可是第二个月，老师想在建立起恒恒的安全感之后，是时候训练一下他的情绪表达方式了。

于是老师蹲下来，看着恒恒的眼睛对恒恒说：宝贝，看着老师的眼睛，老师也看着你呢。没关系，你告诉老师，你想出去，来，老师抱抱，你跟老师好好说，不需要哭。恒恒还是撕心裂肺地哭，丝毫没把老师的话听进去。老师拿张纸巾继续说，来，擦擦眼泪，老师好想知道你现在想做什么呢？嗯，我猜一猜吧。恒恒想妈妈了？恒恒想去上厕所？恒恒太热了，不想待在教室里？随着老师不断地说出答案，恒恒的哭声越来越小。老师又趁机对恒恒说，嗯，老师好想听到恒恒说话的声音，你现在不哭了，真棒，老师给你点赞哦，老师想抱抱你，可以吗？恒恒顺势倒在了老师怀里。在老师耐心的引导下，恒恒终于正常地说出了自己的需求"我想出去"。老师激动地抱着恒恒说，好的，我知道了，恒恒想去外面玩。你好好说出来，不要哭，我就明白了。于是，老师开门，让恒恒出了教室。

再看看下面的例子：

3岁多的小男孩明明和甜甜一起在公园玩，甜甜带了泡泡枪，明明很想玩，但是甜甜不愿意给。明明就一个人跑到另外一边，非常生气地一边哭，一边大叫，还不停地指责甜甜，说她"你太小气了，你太坏了，我想玩，你不给我……"

我们两个妈妈就在旁边看，等待他的情绪过去。十几分钟后，明明自己走回来了，两个小朋友很快地又玩在了一起。

其实这样的方式，我们也是在观察和倾听，给孩子时间和空间，让他自己去做内在的整合，他只是自己大喊大叫而已，并没有伤害到别人，他只是需要把不满的情绪发泄出来，然后才能想到办法去解决而已。对甜甜也一样，我们没有去跟她讲道理，所以，甜甜的决定也得到了理解和尊重。

倾听和观察都是为了不卷入孩子的情绪中，让他自己去消化和面对，同时也让他们知道，妈妈或老师就在这里，我们一直在旁边陪伴你，等你需要我时，我随时可以帮助你。

2. 用自己内在的平静，安抚宝宝的情绪

是的，情绪可以互相影响和带动，当一方的情绪波动较大时，另一方的情绪就要降下来，而首先应该降下来的，应该是父母。

如何让自己的情绪平静下来，我发现有一个小妙招挺管用，就是用孩子的语言去跟他连结，跟随他的哭声节奏，一起唱和。

每当小宝哭得声嘶力竭，什么原因都找不出时，我会使出这最后一招。模仿她的哭声节奏，或快或慢地拍着她的背，嘴里发出不同的声音："哦……哦……嗯……嗯……啊……啊……"慢慢地，我们的声音就交织在一起，好像在互相应和。

然后，我也会不断地跟她说话："小宝，你不舒服了呀，嗯，哭哭就好了。妈妈一直都在哦，妈妈会一直陪着你哦！"就这样，她的号啕大哭会变成委屈地哭，最后变成温柔地哭。

情绪是一种能量的释放，小宝宝还不会控制自己的情绪，所以需要我们用稳定的能量去带动。而我发现，用节奏、唱和和身体的抚触，再加上温柔的语言，慢慢地就能把小宝宝混乱的情绪能量，带到自己的稳定状态里来。

有一次，我外出讲课，晚上10点才回到家，小宝睡前哭了两个小时，怎么都放不下，一放就哭，尿片换了，奶也吃饱了，身上也不是太热或太冷，别的人也不要。抱了一个多小时后，我太累了，就把小宝放到床上，我也躺下来，神奇的事情就发生了，我低声吟唱跟她聊天，没有歌词，只是哼吟歌曲的旋律，用手拍着她的身体，才几分钟，小宝的哭声就从大哭转成了抽泣，再变成了哼哼，直到最后慢慢地安静下来。我感受到在这几分钟里，其实也没有发生

别的，只是我自己的心安静了下来，所以孩子就很快安静下来了。

再跟大家分享一个我曾经看到的，并深受触动的一幕。

有一次，我带小宝去打预防针，看到一对夫妇也带宝宝来打针，妈妈是中国人，爸爸是外国人。孩子大概3个月大，一直抱在爸爸手上，打完针后，爸爸没有像大多数中国父母一样，着急地把孩子抖来抖去、又拍又哄，而是让自己的手像摇篮一样轻轻地摇起来，并在宝宝的额头上亲了几下。爸爸这种温暖、平静而轻柔的方式，让宝宝的哭声由惊恐慢慢变成了单纯地哭。当痛消失后，宝宝的情绪就消失了，很快露出了笑容。

这一幕多年来一直深深印刻在我的脑海中，因为这位爸爸让我感受到了一种平静的力量。

3. 重视与宝宝的第一次情绪正面交锋

与宝宝的第一次情绪正面交锋真的很重要，因为第一次的心理较量会让孩子明白，谁比谁更厉害。是我能征服你，还是你能征服我，宝宝一开始就明白情绪是有力量的，情绪可以控制人。这一点，宝宝从一出生就知道了，而且比成年人更懂得情绪的力量，因为他们没有杂念，只是想纯粹地表达情绪，不需要考虑任何后果。而在这一点上，成年人是做不到的，所以一旦发生冲突，成年人一考虑到时间、场合、别人的眼光，等等，很快就会败下阵来。

如果第一次能让孩子明白，情绪可以表达，但必须好好沟通，那以后再发生情绪上的交锋，他就不会那么固执和放肆了。

这种交锋不知道会出现在孩子多大的时候，我们要带着觉知来等待。

小宝1岁8个月了，正好是夏天，晚上睡觉的时间也往后延迟了。今天晚上，到了8点半，明明已到准备睡觉的时间，但是她不想睡，而且提出来，非要坐扭扭车出去散步。一开始，我不同意，因为我觉得太晚了，但是她又哭又闹的，我说，好吧，那我们就出去走半个小时，并且告诉她"你自己骑出去，再骑回来，我不会抱你的"。她同意了。于是，我提上小包，拿着钥匙、水壶，就出门了。

我们在江边玩了一小会儿，就快到9点了，我说，小宝时间到了，我们回家吧。小宝骑着小车，乖乖地跟着我往回走。可是，刚走出不远，她就不肯走了，非要我抱，我说不行，出门时，我们说好的呀，而且如果妈妈抱你，我又怎么拿车呢？可是，无论我怎么说，小宝就是不愿意听，还是哭啊、闹啊，往我身上不停地拽。

我只好停下来，抱起她，但是她的身体不停地扭动，我实在抱不住，又把她放下来，再后来累得我干脆坐她的小车上。这一折腾啊，就过了30分钟。小区里来来回回都是晚上散步的邻居，他们有的出去时看到我们在那里，回来时还看到我们在那里，有的老人就忍不住停下来跟我说，太晚了，还不赶快回家，你太惯着小孩了。我只好微笑着表示回应。

这是小宝第一次这么倔，这么长时间用激烈的方式来表达自己的情绪。第一次正面交锋，我一定要挺住。

哦，小宝真的很难过，很伤心哦，好想让妈妈抱，你真的好想哭，那就哭一会吧，妈妈陪着你，等你哭完了，想走了，我们再回家，妈妈爱你。可是，无论我怎样讲，今晚似乎不管用，我在想，是不是太晚了，她已经哭得有点闹瞌睡了。但是当我们这样僵持的时候，我又看到她还睁着大眼睛，丝毫没有睡意。于是，我就抱着她，说一说，停一停，拍一拍，摇一摇。

于是20分钟过去了。我心里在想，今晚这个小人，到底怎么啦，好像突然会用情绪来跟我对抗了。只是这个时间选得太不合适了吧！

后来，我尝试着牵着她的手往前走，她自己拉着车，她好像也想通了，边哭边往前走。走一会儿，她又要我抱，于是我又抱着她停下来，安慰一下再放下来，她又拉着车走几步，然后又重复前面的要求。原本我以为她一次就能想通，没想到停一下，走一下，抱一下，折腾了五六次，明明只有200米回家的路，我们走了半小时。回到家，已经快10点半了。

可是小宝的情绪还没有完全结束。回到家，还是一直缠着我哭，谁抱都不行，于是，我又抱着她，摸着后背，继续聆听她的哭声。这时，我听到她的哭声里没有了执拗，只有情绪的简单发泄，当然还有委屈。于是，我把刚才的情景又描述了一次，她才慢慢安静下来，同意洗澡、吃奶、睡觉。此时，我看到时间已经是11点半了。

我们看到妈妈和小宝贝的第一次交锋，妈妈略占上锋，小宝贝也不能说是输了，应该说她还是赢家，因为她发现了两个秘密，一个是可以用持久的情绪来考验对方的意志，另一个是她感受到，情绪是被允许表达的，无论怎样，妈妈都爱她。

同时，我们也看到这个妈妈也像一个孩子，同样有着倔强的脾气，一直在跟孩子对抗。毕竟孩子才1岁多，真的有必要跟她那么较真吗？不可以灵活一点吗？比如，她抱一下，孩子再走一下。

这位妈妈因为有跟孩子第一次情绪正面交锋，就有"赢"的执念，所以才有了这样一次对峙。当然，好在这位妈妈一直是用"温和而坚定"的态度面对宝宝的情绪，所以，也算是各有收获吧！

不管怎样，重视与孩子的第一次情绪交锋，还是很重要的，关键点不在"输赢"和"对错"，而是要让孩子产生一种心理感受和信念认知——有情绪可以表达，持续有情绪也可以表达，"对抗"再激烈，情绪也可以被接纳。

4. 不要放弃每一次安抚宝宝情绪的机会

当我最痛苦的时候，谁在我身边？当我在呼唤的时候，谁能看到我？当我最需要支持的时候，谁能走进我心里？谁冲在最前面，谁就有机会跟宝宝做深度的连结。

所以，父母们，如果想孩子更爱我们，就千万不要放弃每一次安抚宝宝情绪的机会，这也是最能走进孩子心里的机会。

我曾经跟妈妈们聊天时，听到妈妈用吃醋的口吻跟我说：宝宝不黏她，一有情绪，只有家里的老人和保姆才能搞定，根本不要我。我就问她，平时当孩子有情绪的时候，你在哪儿呢？她不好意思地回答，太忙了，没那么多时间管孩子。我又问，那下班后回到家呢？她说，会跟宝宝玩一下，但是一旦宝宝有情绪，她就不要我了。我说，我给你支个招吧，你可不可以跟家里的老人和保姆做个约定。只要你下班回到家，一直到孩子睡觉，他们都不要管，由你自己来带孩子。她为难地说，那怎么行，我搞不定的，太累了。我笑笑说，那孩子有情绪不找你，太正常了，因为你都不愿意花更多的时间和精力跟他在一起。

所以，作为父母不要总是怪别人不给自己机会，所有机会都是自己创造的。我们家的奶奶就很关注孩子的情绪，只要孩子一哭，奶奶会第一时间冲到孩子面前，施展她的所能，转移孩子的注意力，希望孩子尽快不哭。当我发现了这一点后，就经常和奶奶进行比赛。

曾经有一位爸爸跟我分享他们家的故事，也让我非常佩服。他告诉我，当孩子3个月时，他把父母都请了回去，因为他发现，本来是请父母来帮忙带孩子，结果3个月下来，他都沾不上边儿，因为两个老人加上妻子，什么事都不用他做，他找不到一点儿做爸爸的感觉。后来，他越来越觉得不对，于是把父母请回去，自己亲自照顾孩子，从洗澡到换尿片，从晚上起夜到陪孩子玩，不到一个月，他就跟孩子连结上了。他告诉我，他很开心，他现在还能够从孩子的哭声中分辨出孩子的需求。真是一位好爸爸！

再跟大家分享一位妈妈与孩子做深度情绪连接的故事，希望给大家更多启发！

今天下午4点，妹妹（两岁两个月）睡醒后就一直要我抱，黏着我不肯下地。我以为是她没睡醒，就一直抱着她，边唱边摇。可是20分钟过去了，她还是很不舒服的样子，而我因为晚上要外出做培训，又不得不跟她说，妈妈晚上要外出，不能陪她了。妹妹听完，我感觉她点点头，然后我就以为上午也告诉过她，现在她应该有思想准备了。但是过了两分钟，她突然在我的怀里抽泣起来，而且哭得很伤心。我这才意识到，妹妹的心里装了心事，所以一直要我抱。

于是，我就开始给妹妹做情绪输导。

我：妹妹，你是不是很不想妈妈晚上出去，你很想跟妈妈一起玩，对吗？（点头）所以你现在哭了，你觉得很难过，很伤心，是吗？（点头）

我（又更紧地抱着她）：是的，妈妈知道，妹妹想跟妈妈在一起。妈妈也很想跟妹妹在一起。可是我今晚的事情是早就安排好了的。

妹妹：你去哪里？

我：我们有很多阿姨在一起学习，在一个会议室里。

妹妹：我也去。

我：妈妈也很想带你去，你看今天早上妈妈出去开会，也带你去了，因为开会的地方很好玩。但是今天晚上，只是很多大人在一起开会，没有东西玩，妹妹在家里会更好玩，有爸爸、奶奶、哥哥陪着你。

妹妹不说话了，但还是很不开心的样子。这时已经半个小时过去了。奶奶怕耽误我的时间，走过来对妹妹说："有什么好哭的，妈妈很快就回来了！"妹妹一听，哇哇地又哭起来，我只好让奶奶走开，又开始跟妹妹沟通。

我边抱着妹妹边轻柔地跟她说：宝贝，对不起，妈妈昨天晚上很晚才从深圳回来，今天晚上又要出去，妈妈没有时间好好地陪伴妹妹，对不起。妈妈好想天天都跟妹妹在一起，永远都不分开。你也想天天都跟妈妈在一起，永远不分开，对吗？（点头）是的，谢谢妹妹，谢谢你那么爱妈妈，时时都想着妈妈。如果你想哭，就哭一会儿吧，当我们心里难过的时候，可以把不开心哭出来。（哭声越来越小）妹妹，此时此刻，妈妈深深地、完全地跟妹妹在一起，我们的心永远都在一起。有时妈妈要外出，妹妹看不见妈妈，妈妈也看不见妹妹，但是妹妹会想妈妈，妈妈也会想妹妹，我们的心一直都在一起。（然后紧紧地抱了几下，让妹妹感受到妈妈深深的爱）妹妹，妈妈好爱你，你是妈妈的小心肝宝贝，无论妈妈在哪里，妈妈都会爱妹妹。等妈妈后天不忙了，就带你去公园，好不好？妹妹这才有点开心地说，好的。然后我又把这些话反复说了好几遍，直到妹妹的情绪完全平静下来。

这时已经5点过了，奶奶再次过来抱妹妹，说带她下去玩，妹妹就主动地从我怀里出来，并开开心心地跟我说拜拜了。

如果每一位妈妈都懂一点儿童心理，多一些耐心，多懂一些沟通的方式，就能多一点走进孩子的心里，孩子的生命状态会有多大的不同啊！

7.4 培养宝宝"认知情绪"的小技巧

让3岁前的孩子认知情绪，显然是父母的责任。技多不压身，父母们多学一些技巧方法总是好的，总有用得着的时候。

1. 我的情绪我负责

父母也会有情绪。如果父母硬生生把情绪吞下去，对于父母来说也不公平。怎么办？试一试"暂停时刻"。当你真的很生气很生气，觉得有可能控制不住自己，说出伤害孩子的话或者伸手打孩子，这时候马上"暂停吧"。你可以跟孩子讲："妈妈现在非常生气，给我10分钟。"然后你暂时离开现场，进卫生间或者进卧室，关上门。哭也好，砸枕头也罢，做什么事情都可以，反正就是让自己的情绪平复下来，然后再去跟孩子沟通，避免对孩子造成伤害。

这种方式是在告诉孩子，我有情绪，我对我的情绪负责，我的情绪跟你没有关系。这时，最好让另一位情绪平和的家人去陪伴孩子。

同样，当孩子有情绪时，我们也要给孩子时间和空间，让他自己去消化自己的情绪。

下面这个案例，让我们一目了然地看到孩子如何消化她的情绪。

妈妈出差了，两岁9个月的小宝有些难过，晚上爸爸陪小宝玩，大概到9点左右，小宝跟爸爸说想妈妈了，声音有点哽咽，以下是爸爸和小宝的对话。

爸爸：小宝，爸爸抱抱吧！

小宝：好（然后把头趴在爸爸肩膀上）！

爸爸：宝贝你想哭吗？

小宝：想！

爸爸：那你就在爸爸怀里哭一下吧！

小宝：好（虽有点哽咽，但没哭出来）！

爸爸：（抱她进房间）我们到房间里来哭吧！奶奶睡了！

小宝：你走（轻轻地说，意思是想一个人待会儿）。

爸爸：爸爸抱着你，陪着你不好吗（一边抚摸她）？

小宝：不好，你走，我要自己一个人。

爸爸：那好吧（爸爸只好落寞地出来了，坐在门口饭桌旁）！

爸爸：爸爸来陪你好吗（几分钟后，爸爸又开门进去问她）？

小宝：不好（表情还是有点难过）！

爸爸：那好吧，爸爸就在外面，你想爸爸了就来告诉爸爸（爸爸又继续坐在门口）。

10分钟过后，小宝自己出来找爸爸，并说：爸爸，你陪我一起玩吧！这时，她难过的表情已经完全没有了，露出了笑容。之后小宝就和爸爸开心地玩起来。

你相信吗？如果我们给了孩子足够的陪伴和正确的教养，一个不到3岁的孩子就会具备照顾自己情绪的能力，独立完成情绪管理的4个过程：适度表达-面对现实-接受自己-整合转化。

父母们，只要我们能做到对自己的情绪负责，孩子就能做到。

2. 表达情绪，同时说明界限

处理孩子情绪的方式和处理自己情绪的方式是一样的，我自己也常常这样做，很快就能让自己平静下来。对于孩子来说，如果能描述出他的情绪，猜出他的想法，他的情绪就会快速平复。

我把它叫作"接受情绪法"。

第一句："妈妈看到你非常生气（伤心、恐惧、恼火等）。"给情绪命名。

第二句："你想生气就生气一会儿吧。"允许孩子表达情绪。

146

第三句："妈妈爱你，妈妈陪着你。"表达爱，让孩子有安全感和被接纳感。

这个方法很简单，说出来并不难，但是父母要情绪平和地讲出来才有效果，这是对父母心态上的最大考验。

先处理心情，再处理事情。

在描述过情绪后，也要让孩子明白伤害性的行为是不允许的，所以还要告诉他："我知道你很生气，但你不能打人。""你可以很激动，但是我很担心你伤害到别人。"

3. 生气时要像山间的梅花鹿

当孩子心情好的时候，或者当孩子生气过后，可以给孩子讲一个"山间梅花鹿"的故事。

森林里有一只小鹿，脾气很好，对人友善。几乎没有人看到他生气过。有一次，一个小男孩遇到这只小鹿，看到他一个人在山顶上对着天空吼叫，小男孩好奇地问：小鹿，你为什么要这样做，小鹿说，当我心情不好时，想要发脾气时就会对着天空大叫，叫完了，心情就好多了。

宝贝，当你不高兴的时候，也会大叫，但是不要对着爸爸妈妈大叫，应该对着高高的天空大叫。如果你想表达自己的想法，就不能大叫，要好好说话，把自己的想法说出来。

4. 与孩子玩让他"害怕"的游戏：你来抓我呀

自然界的动物，小狮子、小老虎、小猫、小狗都喜欢打闹嬉戏。所有动物都有一个共同点：在原始自然条件下，不捕猎就会饿死，要是被其他猎食者看到，不逃跑会被吃掉。捕猎是它们基因里对这两种行为的记忆，是本能行为。

人类也经历过捕猎阶段，可能在人类的基因记忆里，就有对捕猎和避免被捕食行为的记忆，所以婴幼儿也喜欢玩这类游戏，这个游戏让孩子获得快乐和成就感。

3岁前的孩子，喜欢躲在一个半封闭的空间里，有人伸手去抓他，比如，滑滑梯下面的小格子间里，或是桌子底下。当他的运动能力提升以后，他们喜欢大人们去追他，并假装抓住他。在这个过程中，孩子们觉得很开心，同时，也用这种方式来释放他们的恐惧和焦虑，这个游戏对孩子们的负面情绪释放是很有帮助的，父母们应该跟孩子们多玩类似的游戏。

5. 与孩子共读情绪绘本

通过绘本让孩子认识情绪，是孩子们很喜欢的一种方式。现在关于情绪方面的绘本也特别多，父母可以边读绘本，边跟孩子玩游戏。

例如，绘本《我的情绪小怪兽》，作者是西班牙绘本作家安娜，她把抽象的情绪概念，变成呆萌可爱的情绪小怪兽，帮助我们启蒙孩子什么是快乐、忧伤、愤怒等。

读完以后，我们还可以跟孩子玩游戏。

（1）把5个情绪小怪兽的轮廓画出来，根据不同的情绪，让孩子上颜色。让孩子认知快乐、伤心、生气、害怕、平静都是我们的情绪。当然孩子还小，他上的颜色可能是乱涂的，这个没有关系。父母可以按书中的颜色自己涂一遍。黄色代表快乐、蓝色代表忧伤、红色代表愤怒、绿色代表平静、黑色代表害怕。

（2）跟孩子一起，把画好的表情打乱，闭上眼睛随机抽，抽到哪一张，就用表情+肢体动作来表达。

（3）当孩子在生活中有情绪时，就把对应的小怪兽放进相应的纸盒里，让孩子明白自己当下有怎样的情绪，父母在纸盒上贴上情绪名称。

亲爱的爸爸妈妈们，这也是一个小秘密哦！谁能读懂孩子的情绪，谁能安慰孩子的心灵，孩子就信任谁，就依恋谁。在这个情绪的世界里，只有连结上情绪，才能连结上心灵，连结上心灵，才能连结上信任感和安全感，才能连结出一份紧密的亲子关系。

好好守护宝宝的情绪吧，顺便把自己修炼成一个管理好情绪的高情商父母！

第8章

交往维度：
融入世界是婴幼儿交往的核心诉求

婴幼儿的社交不简单，主动探索融入"人"的世界。

小婴儿来到这个世界上首先的目的是生存，而融入人的世界，就是生存的一部分，所以婴幼儿的社会性发展是他的本能。

我们需要关注的不是孩子是否具备社交能力，而是成年人要如何给孩子创造一个适合他的社交环境，这个环境的第一站就是"家庭"。家庭中的每个成员可能在没有意识的情况下就提供了社交，包括：皮肤接触、喂养（包括母乳喂养）、与婴儿交谈、故事时间和拥抱，等等。

家里无论是妈妈、爸爸、奶奶、爷爷、兄弟姐妹，还是毛绒绒的泰迪狗，他们表现出来的每一种态度、行为和情绪，都会成为宝宝模仿人际交往的榜样。因此，和谐的、友爱的、快乐的、爱表达的家庭氛围，会给宝宝在人际交往中带来极大的动力。

随着科学的不断进步，婴儿作为一个独立的个体来到这个世界，他是怎样融入这个世界的，这曾经让很多科学家产生好奇。随着各项研究技术的发展，越来越多的科学家用各种手段来对婴幼儿作出研究，他们发现小婴儿也是有社会性的，并不是人们普遍认为的，小婴儿没有自我意识，对人没有社会性反应。

在网上有这样一部高分BBC纪录片，拍摄者通过纪录片的形式向人们展示了奇妙的婴儿世界。在纪录片中，心理学家做了一个实验，工作人员选择了若干名4个月到1岁的婴儿，指挥其父母和宝宝开心地玩耍，玩耍过后随即又保持两分钟的面无表情不再与宝宝继续互动。在这个过程中，工作人员记录了宝宝互动前后的情绪变化，意外的是，大家发现小家伙们的反应各不相同，但是他们有着共同的目的，那就是赢回关注。可见，在此阶段，婴儿在互动中有一定的主动性，他们有意识地通过自身行为去修补社交关系。

由此我们发现，小婴儿是非常渴望与父母互动交往的，也非常喜欢父母积极快乐的陪伴。

婴幼儿的交往方式，是从"肢体语言"过渡到"有声语言"，因此，他们从一出生就开始与人交往了。当成年人用眼神、手势、表情、语言跟他们交流时，婴儿也会用这些方式给大人以回应。

在后面的语言学习中，婴儿要经历语言输入的阶段，这个阶段，通过剑桥大学的乌沙葛斯旺教授研究发现：当父母使用"婴儿语"对婴儿说话时，就为婴儿的大脑提供了最佳输入模式，这种语调增强了大脑需要锁定的声音界标，对宝宝的大脑发育很重要。因此，我们要多用"婴儿语"跟宝宝说话，开启他的语言交往力。

豆豆4个月了，妈妈常常跟他说话，从早上睁开眼睛开始，到做每件事情，或者洗澡、做抚触、玩游戏、讲故事，妈妈就像一个"话唠"。

每次妈妈跟豆豆讲话时，豆豆特别专注，大眼睛一直看着妈妈的嘴巴，充满笑容的表情，好像能听懂妈妈的话，一直"咿咿呀呀"地做出回应。妈妈有时会模仿宝宝发出的声音跟宝宝"一唱一和"。但是更多的时候，妈妈会看着豆豆的眼睛，张大嘴巴，故意用夸张的表情，把每个词都拉长，耐心地跟宝宝说话，"你在——看——什么——呀——？啊！你——看见——妈妈的——嘴巴——在——动呀！"

随着宝宝年龄的增长，他与人交往的范围也越来越大，我们会发现孩子都喜欢跟大人或者比自己大的孩子玩，似乎对同龄人不感兴趣。但有研究显示，7个月大的婴儿已经会对其他孩子产生浓厚的兴趣，他们会通过面部表情、手等进行沟通。只要把孩子们聚在一起玩游戏，大人们也参与进来，孩子之间就会有兴趣互动。

我们一起来看看下面这两个宝宝的有趣互动片断。

有一天，妈妈带着天天去智智家里玩，两个小伙伴的妈妈是好朋友，两个孩子相差两个月，现在都是1岁多。

天天来了，智智妈妈把好多玩具拿出来让两个孩子玩，两个宝宝一下子就被玩具吸引了，智智追着一个小汽车爬了过去，天天拿着一个小鸭子啃起来，但是他的眼睛一直盯着智智的小汽车。

两个宝宝看上去毫无交集，自己在玩自己的。可是不一会儿，智智拿着汽车走到了天天身边，天天就伸手去拿智智手中的汽车。智智还没反应过来，天天的手已经抓住了，但是由于智智的小手抓得比较紧，天天没有成功。当他再试图去拿的时候，天天妈妈赶紧递给他另外一个玩具，天天就转移了注意力。

两个小宝又背靠背各自玩起来。

不一会儿，智智妈妈递了一块苹果放到智智嘴里，天天哼哼了两声，天天妈妈也递给天天一块苹果，两个宝贝非常愉快地一起玩着玩具，吃着苹果，非常和谐。

吃完水果后，天天又想去拿智智手中的摇铃，智智妈妈想这些玩具平时智智经常玩，天天偶尔才来一次我们家，就对智智说，你把摇铃给天天玩一下吧，天天是客人。可是天天拿到摇铃却很快就丢到了一边。他其实想要的不是玩具，而是想跟智智玩争抢玩具的过程。

仔细观察孩子，真的是这样，宝宝社交从一出生就开始了，虽然小小的他躺在那里，还不会说话，但是通过哭、目光接触、笑等表情，他们完全能和周围人互动起来，还能模仿周围人的表情，而很快大人就能从小家伙的肢体信号中破译他的需要。

所以，宝宝的人际交往力应该是从小就开始培养的。随着他们的年龄慢慢增长，只要我们创造机会，让孩子们待在一起，他们就会互相模仿，互相游戏，用肢体去交流，互相分享玩具。有的孩子的交往力会超前一些，会主动关注别人；有的孩子会胆怯一些，被动一些，但是无论怎样，只要在一起时间长了，他们各自都会找到在一起互动的良好感觉。

在托育园，我们总会看到交际高手宝宝。

熙宝是一个两岁两个月的小美女，她虽然来托育园的时间不长，但是却像一个"大姐大"一样去连接老同学，照顾新来的小朋友。

这一天，新来了一个小妹妹小D，她大概比熙宝小3个月左右。小D刚刚来到这个新环境，还在观察，也有些焦虑和害怕。熙宝很快发现了小D的拘谨，上课时，他们在一张桌子上玩过家家的玩具，熙宝主动把一个小碗递给了小D，小D接过来后，就自己独自玩起来。过了一会儿，熙宝玩着玩着，又递给小D一个勺子，这时，小D也主动递了一个碗给熙宝，就这样，大概两分钟左右，两个小女孩就开始互动起来。

他们在一起玩了约10分钟，又分开各自玩起来。

0~3岁孩子的交往世界看似复杂，其实很简单，他们很想融入与别人交往的世界中，但是很多时候又以自己为中心，不知道如何用语言表达自己的需求。他们就像小猫和小狗两个宠物，说着互相听不太懂的语言，既想在一起玩，又怕别人侵犯他的领地，所以两个"小宠物"各自独立，又想在一起。

8.1　宝宝与世界的关系是一步一个阶梯建立起来的

华德福教育体系的创始人鲁道夫·斯坦纳认为：一个孩子是否可以发展成一个思想自由、人格独立的人，完全取决于他与他人和世界的联系，以及他对他人和世界的知晓。

一个小婴儿首先是通过谁与这个世界联系，知晓这个世界的呢？——妈妈。对于小婴儿来说，妈妈就是整个世界，如果妈妈与宝宝能建立起深度的亲密关系，如果妈妈能把爸爸及家人热情地介绍给宝宝，整个世界就向孩子敞开了怀抱。

第二层关系是什么呢？是宝宝与自己的关系。

我是谁？每个人终其一生都在探索。不要以为这是成年人追求的哲学命题，当小婴儿的自我意识爆发时，他就想知道我是谁，我能不能为自己作主，我的家人和这个世界会不会看见我的需求，听见我的声音，如果可以，我愿意为他敞开我的怀抱，去连接每一个人。

第三层关系是孩子与身边所有人的关系，包括其他家人、邻居、老师、小伙伴……

我要在这些关系里学习如何与不同的人交往，如何了解别人的想法，如何同理别人的感受，如何解决遇到的冲突。我要为完全融入这个世界做好准备，当没有家人在身边时，我也能很好地把陌生人慢慢变成朋友。

1. 与妈妈的关系——妈妈是我的第一个好朋友

有人说，孩子合不合群，要看他跟妈妈之间的关系。如果孩子跟妈妈之间的关系越亲密，越松弛，他对别人就越有信任感，越容易融入新的环境，如果孩子从妈妈这里得到的是满满的爱和关注，他也会对他人给出爱的互动。

这个话是有一定道理的，孩子的安全感越足，他的社交意愿会越强，而安全感的给予跟妈妈有极大的关系。只要宝宝跟妈妈建立好关系，将来他的人际关系不会太差，如果我们看到一个成年人在陌生环境中显得拘谨而游离，我们基本上可以判断，他在小的时候跟妈妈的关系可能存在问题。

美国心理学家玛丽·安斯沃斯告诉我们："婴儿通常会与双亲形成同一类型的依恋。"也就是说，如果母亲是安全型依恋，她的孩子就是安全型依恋，如果母亲是反抗型或回避型不安全依恋，孩子也会是同样的类型。这就说明了，母亲用什么样的方式跟孩子建立关系，孩子就会通过模仿和感受，用同样的方式跟他人建立关系。

安全型依恋的父母养育风格是：温和、细腻、敏感。父母情绪稳定、细致入微、反应恰当及时、有足够的有效交流的时间和方式。

这样的母亲会怎样跟孩子建立关系呢？她们抱起孩子时会说"宝贝，我现在要抱起你啦"，换尿布时，她们会愉快地对孩子说"宝贝，抬起腿，我给你换尿布"。清洗小屁屁时,她们会轻柔地给孩子洗生殖器,擦屁股,动作温柔细腻,让孩子觉得被尊重。孩子哭了,她们会很快弄清楚孩子的状况,是饿了,尿了,热了,还是不开心啦,及时帮孩子解除痛苦。

这样的妈妈还会提供充足的玩具材料鼓励婴儿不断探索,增加互动经验,喜欢跟孩子玩各种身体游戏,并为孩子的成就拍手鼓掌,为孩子的每一个进步感到骄傲。他们会跟孩子一起欢笑,拥抱亲吻,与他们交谈,让孩子们知道,当他们做某件新的事情时,妈妈是多么高兴。孩子会走路以后,他们会蹲下来与孩子讲话,张开手臂迎接孩子的拥抱。

孩子会觉得妈妈就是他的"灵魂伙伴",总是知道他心里在想什么,需要什么,总能及时给他提供帮助。跟妈妈在一起真开心,真有安全感。

反之,如果妈妈的安全感不足,可能会出现怎样的情况呢?也许她们也在尽心尽力照顾孩子,但是她们总是情绪不稳定,还自以为是,或者在照顾孩子时,随随便便,毫不上心。这样的妈妈照顾孩子,会给孩子一种感觉:妈妈虽然在跟我互动,也愿意抱我,安慰我,但是我很担心她的情绪,不知道什么时候她会开心,什么时候她会生气,如果她生气了,我就会感到害怕,我不确定妈妈是否真的爱我;当我想去探索的时候,妈妈又总是阻止我,不让我按自己的想法行动,我还不得不听她的,除了哭,我什么都做不了。

当孩子觉得在跟妈妈互动的时候,他不确定妈妈的情绪反应,也知道不能改变妈妈的强势,他就会把这种感觉慢慢迁移到与别人的互动中,觉得别人也是这样的人,所以我就不愿意跟别人互动了,或者互动时要不就变得很胆小,要不就变得很强势,这两种状态都不能让孩子很好地跟别人建立良好的关系。

小义宝宝就是这样一个"乖宝宝"。

小义快3岁了,从两岁两个月开始,他就在家附近的托育园上学了。在所有人的眼里,他是一个开朗、独立、平和的小伙子,谁都能带,他也愿意跟每一个人玩儿。

小义家有3个孩子,他是老小,他的妈妈从带老大开始,就不断在学习,并把教育理念在3个孩子身上实践,所以3个孩子都发展得特别好。

有一次,我们几家人一起出去吃饭。妈妈忙着点菜,小义却想四处晃悠,于是有一个阿姨就主动带着小义到处去看看,小义开心地牵起阿姨的手,他并没有一定要黏着妈妈。

走到大厅时,他们看到有好几个家长带着年龄相仿的小朋友在那里玩。虽然都不认识,但是小义没有犹豫,他开心地走过去想跟其他小朋友一起玩。其中,有一个小朋友手上拿着一个玩具,小义走到那个小朋友面前停了下来,他没有伸手,只是一会儿看看玩具,一会看看那个小朋友。阿姨走过去跟小义说,那是别人的,我们去别的地方看看。小义待了一小会儿,就牵着阿姨的手走开了。

一个孩子跟妈妈的关系好不好,从他跟别人是否能迅速建立起信任关系就能看出来。如果妈妈能成为他心目中的好朋友,他就很容易跟别人成为朋友,带着一份信任、尊重和愿意沟通的姿态。两岁多的孩子就能很好地与他人建立起关系,将来他也一定会成为一个小小社交家。

还有一些总是很忙碌又劳累的妈妈,她们觉得自己每天都在做事,每天都在为孩子尽力尽力地付出,可是孩子却跟她不太亲。我想问,您真的需要这么累吗?有些事情可以重新调整,做好时间管理了吗?饭可以让孩子自己吃吗?孩子玩耍时,可以给他多一点自由吗?

当您这么累地跟孩子互动时,孩子怎么会愿意亲近你呢?孩子感受到的人际互动就是焦虑、烦躁和担心,他哪里能从跟您的互动中获得自由、快乐和放松的感觉?所以,他宁愿自己一个人玩,也不愿意跟妈妈成为好朋友。

还有打孩子的行为,是更加万万不可的,这样的妈妈,孩子也不愿意跟你做朋友。

所以,想让孩子成为一个小小社交家,妈妈们就从想办法成为孩子的好朋友开始吧!

2. 与自己的关系——我能成为我自己

对于成年人来说，一个人自己与自己的关系，也决定了他与世界的关系。

每个孩子也是从与自己的关系中慢慢成长起来的。在经过了与妈妈建立最初的人际关系后，他开始意识到妈妈是妈妈，我是我自己，我有自己的想法，别人有别人的想法，可是我还是想先表达我自己的想法。

于是从1岁半左右，他的自我意识萌芽了。他意识到"我"的威力，我有做主的权利，我能指挥控制别人，我想怎样就要怎样，总之，我要先弄明白我是怎样的，我才能弄明白你是怎样的。可是孩子找到"自我"的过程，会让他们在人际互动中遇到困难，会让父母看不懂而焦虑。

下面这个点点的睡前故事，一样具有代表性。

两岁的点点最近有点"任性"，一到晚上睡觉前，就开始折腾。

他说要喝水，爸爸就去端水，可是当爸爸端来了水，他又说要睡觉，躺下去不到11分钟，又说不睡了，要喝水。喝了水，还是不满意，又跑到地上跳来跳去。每天晚上都要折腾1小时左右才睡觉。爸爸被折腾得很烦躁，气得有时想打他，不明白孩子为什么突然不听话、不乖了，变成了一个问题孩子。

如果从自我意识的角度，可能孩子自己都不知道自己想表达什么。他可能是在试探与爸爸的关系，看爸爸有什么反应；也可能是故意在捣蛋，释放他的"乖情绪"，因为爸爸跟妈妈不一样；也可能他想创造另外一个跟平常不一样的"我"。

与自己的关系，包括我如何看待我自己的行为，我如何表达自己的思想，我是否相信自己。对于孩子来说，他如何看待他自己，取决于父母如何看待他的行为、思想和是否信任他。我对点点爸爸说，先不要那么快给孩子下一个"问题孩子"的标签。你首先要接纳，孩子突然变得"调皮捣蛋"，肯定是有原因的，只是你不知道他的想法。你只有静下心来好好跟孩子连接，好好跟孩子聊，调整好自己的情绪，才能解决这个问题。

如果你能整合好你自己的焦虑和担心情绪,你就能帮助孩子整合好他的想法和情绪。孩子还小,他需要父母的帮助。

果不其然,后来当爸爸自己把情绪调整好以后,我再告诉点点爸爸如何在睡前给孩子建立起规则和形成规律,爸爸很快就解决了点点睡前折腾的问题。

一个孩子如果能清晰地知道自己想要什么,想要怎样,他就能很快明白别人想要什么,别人想怎样做,这样他就能很快跟别人建立良好的互动。

下面案例中的月月,有可能在家里被家人照顾太多,所以她不知道自己想要什么,而在自由的托育园,她反而不能适应让自己做主的生活。

月月来托育园快两个月了,当别的小朋友在自由找玩具探索时,她还在观察,不知道自己想玩什么。老师拿了一个牙齿的仿真玩具给她,她看了一会儿,坐了下来。这时,有个小朋友走了过来想跟她一起玩,她马上就走开了,又开始了漫无目的地寻找。

在月月的内心里,安全感还没有完全建立起来,她也不太愿意去跟别人建立关系,她喜欢自己一个人玩。

托育园有一个老师常常在旁边看护她,有时老师会跟她互动,有时就陪着她,跟她一起发呆,老师知道月月一直在整合自己的内在,她已经比刚开始入托时不断地哭闹要回家安静了许多,虽然她还不能跟小朋友自如地互动,但是她跟老师之间的互动已经有很大的进步了。

著名儿童教育专家孙瑞雪说:很多成人以为,儿童生活在一个集体环境中,就自然能学会人际关系。事实却不是这样的,真正的关系是在跟某个人产生连接的过程中发生的。

月月已经两岁半了,她与老师和小朋友还不能很好地进行互动,主要是因为安全感不足,也是因为她的自我意识"扭曲"了,她在用平常惯用的方式来跟新环境中的人"对抗"。她只是习惯了这种模式而已,对于老师来说,既需要给月月时间来了解新的环境，也需要让自己有足够的耐心和包容去陪伴孩子走过这个艰难的阶段，让孩子找到有别于家庭中的更适应外部环境的人际关系模式。

3. 与他人的关系——我走在学习的路上

宝宝如果能跟妈妈和自己建立好内在关系，那他在与别人建立新的人际关系时，就顺理成章、游刃有余了。因为在他的内在有无限的安全感、满满的自信和不怕受挫的勇气，他相信自己是可以"靠自己"来面对各种人事物的。他只是需要不断地去经历，不断地寻找更多、更好的方法来解决各种问题。

与他人建立关系是每个人一生的功课，对人际关系的学习，从一出生到18岁，每个阶段都有每个阶段需要完成的任务。

在孩子进行社会化学习中，父母们需要建立两个观念：

（1）每个人的人际交往能力，是在人际冲突中学习到的。

（2）1~12岁的孩子正在学习社会化，成人需要极大的耐心，并给孩子成长的空间。

以上两个观念适合所有不同年龄段的孩子。

我们知道，社会环境是相当复杂的，每个人的想法都不一样，相处方式不一样，理解方式不一样。一个儿童要知道很多东西，还必须去做很多事，才能在社会中立足。很多研究告诉我们，社交能力强的儿童比社交能力差的儿童更快乐，他们在与他人交往中更容易成功，更受欢迎，对生活更满意。所以社会性技能发展得好的孩子，更容易在这个社会生存。

0~3岁这个阶段，宝宝才刚刚开始学习与他人交往，这是需要成年人帮助的，但是又不能让成年人帮助得太多，这个尺度的把握对成年人来说是一个考验。比如，当两个孩子争抢一个玩具时，当一个孩子动手打人时，当输的孩子哭泣时……成年人帮助孩子处理问题的方式，会让孩子学习到建立人际关系的有效方法或无效方法。

所以，成年人太需要懂孩子了。

就拿让孩子跟别人打招呼这件事来说吧，孩子能不能打招呼和想不想打招呼是两回事，如果成年人懂孩子，就会让这件事"顺其自然"，如果成年人不懂孩子，就会把这件事"上纲上线"，认为孩子不适应社会规范。

宝宝1岁半以前，你让他怎样做，他就怎样做，"哈啰""拜拜""给个飞吻"……宝宝很乐意跟每一个人打招呼。可是到了两岁多，当他的自我意识发展以后，他才不理你呢，无论成年人怎样要求，他都不会乖乖配合了，要看他的心情。

这个时候，我们要怎样引导和评价孩子，就是在教孩子如何社会化。对于3岁前的孩子来说，并没有那么复杂，他愿意打招呼就打，不愿意就算了，成年人自己做到，让孩子看到，已经足够，不需要再过多地去跟孩子讲道理。成年人只要言传身教，孩子时时耳濡目染，就能学习到。

孩子真的没有太多复杂的想法，他只是正走在学习的路上，需要不断地尝试、推翻、对抗和反思。

成年人如果没有经过学习，可能有时候也是在帮倒忙，那还不如不帮忙呢！

之前，我看到过一则让人胆战心惊的新闻。

一个中年男人，竟对年仅两一岁的小孩子大打出手！仅仅因为他的孩子和另一个孩子玩耍时，脑袋不小心碰到了一起，孩子并没有受到伤害。但是中年男人觉得他的孩子被欺负了，一气之下出来为孩子复仇，一脚踹向一个两三岁的小孩。

显然，这个爸爸的情商是极低的，他用暴力来解决问题的时候，他的孩子也学会了同样的方式。父母就是孩子学习社会交往的榜样。

8.2 重视交往时刻，让孩子成为"社交小达人"

0~3岁的孩子在人际交往时，正在观察和学习，还不能熟练地运用，所以，成年人一定要有足够的耐心，既不可越俎代庖，也不可视而不见，还要教给孩子适当有效的方法，如交换玩具、请等待、说对不起、互相协商、不用情绪表达、有话好好说……让孩子慢慢成长为"社交小达人"。

1. 无条件呵护"认生期"，让"认生"理直气壮

小宝4个半月了，隔壁家的阿姨在电梯间碰到奶奶抱小宝下楼。

阿姨问：宝宝认生吗？

奶奶答：就是啰，认生呢（语气中满是遗憾）！

阿姨说：这可不行，要让不同的人多抱抱。

奶奶说：就是，这个孩子太黏她妈妈了，要多带出来见人。

我想，宝宝到了"认生"阶段，恐怕很多老年人都会有这样的反应吧。

从家到世界到底有多远，从熟悉到陌生到底有多远，每个人在不同的年龄段，认知和感受力都不一样。"认生"是一个开启，它会由接纳走向连结，成人何需太着急！

"认生"，是对不熟悉的人和陌生的环境感到害怕，这对宝宝意味着什么呢？这是宝宝认知发展的一个重要里程碑，说明孩子的安全依恋进一步建立起来了。为什么呢？可能有的妈妈会问，孩子这么黏妈妈，这么黏人，还说明他的安全感好吗？是的。小宝宝在这个阶段，就应该完全跟妈妈黏在一起，直到能区分妈妈和别人、家人和外人，当孩子的智力水平和心理水平发展到这一点时，就说明他又长大了一点。

所以，关注0~1岁宝宝的认生反应，协助宝宝顺利度过认生的每个阶段，就是在关注孩子的心理健康和缓解"陌生人焦虑"。

小宇妈妈是一个用心陪伴孩子成长的妈妈，在孩子的认生阶段，她记录下了孩子的成长变化过程。

小宇从3个半月开始，会区分妈妈与别人了，但是还不会区分家人和外人。从出生开始，孩子基本上都是我24小时带着，只要奶奶和爸爸（爸爸一周回家一次）抱过去，不出两分钟，她就哭，而且无论怎样跑呀、跳呀、哄呀都不行。但只要我一接手，哪怕只是抱在腿上坐着吃饭，她也是乖乖的。

在妈妈的精心陪护下，小宇认生的几个阶段，顺利完成。

第一阶段：只能妈妈抱，基本上不让奶奶和爸爸抱。

第二阶段：奶奶和爸爸可以抱了，家人以外的人还是不可以。

第三阶段：经常带孩子来家里玩的灵灵外婆，可以抱小宇了。如果是不常来往的亲戚偶尔到家里来，小宇见我们很融洽，她也可以接受别人抱她了。

第四阶段：小宇的接受度大了很多，但是小区的陌生人凑到她面前，她还是很紧张，会吓得哭。

第五阶段：小宇能完全分清家人和外人了，包括只见过一面的舅舅。如果是不熟悉的外人，还是不愿意，会哭。

第五阶段：小宇接受度又增加了，带她外出会朋友、逛街都很适应，去外婆家的当天晚上，只哄了1小时就睡着了（4个月时，哄了3小时）。

在宝宝0~1岁的认生阶段，我们要接纳孩子的认生反应，同时还要注意一些细节。

如不要把宝宝脸朝外地抱在胸前，让他感觉陌生人扑面而来；当陌生人表示喜爱，要凑近宝宝时，如果宝宝有害怕情绪，要及时把宝宝抱起来安抚；当别人评判宝宝的认生行为时，微笑着告诉别人，这是正常现象。

2. 在玩耍中明白规则和界限

两三岁的宝宝们在互动中有时会发生"武力事件"，如抢玩具、互相推搡、抓头发，甚至咬人，这样的情况时有发生。因为他们还没有学会怎样的方式是可以的，怎样的方式是不可以的。父母和老师如果能及时看到，就应该及时阻止并告诉孩子规则和界限。

如果一个孩子一开始用打人的办法处理事情成功了，以后他会更容易用打人的办法来处理其他事情，如果大人的态度不坚决不明确，孩子打人的行为，可能就不能得到有效遏制。当然，大人们自己也要做出榜样，不能动不动就打孩子，否则孩子也会模仿。

处理孩子之间的冲突，首先要处理孩子的情绪，然后告诉他们正确的方式。

小勇和锐锐是年龄相仿的两岁多小朋友，今天两位妈妈带孩子去游乐场玩。在波波池里，小勇手里拿着一个泡沫棍不停地拍打波波球，把球打得到处飞，玩得很开心。锐锐刚开始也跟小勇在一起玩，挺开心的，他似乎也在等待看小勇什么时候不玩了，他也想拿泡沫棍来玩。可是小勇玩得很开心，丝毫没有注意到锐锐的眼神。

大概过了5分钟，锐锐见小勇还是没有停下来的意思，就想去抢小勇手上的棍子，可是小勇正玩得开心，哪里肯给。两个小朋友就在波波池里打起来了，还追逐了起来，追着追着，好像也变成了一个好玩的游戏。可是棍子始终在小勇手上，这让锐锐很不爽，两个人又在一起拉拉扯扯地玩了几分钟，接着锐锐的急躁情绪一下子爆发了出来，他用力打了小勇的头，小勇也不甘示弱，两个人就扭打在了一起。可是锐锐个头比小勇小，年龄也小3个月，他哪里是小勇的对手，一下子就被小勇打哭了。

这时，如果你是两个孩子的妈妈，你们会怎样处理两个孩子之间的冲突呢？

一般情况下，我们最后看到的是锐锐哭了，所以我们会更加照顾锐锐的情绪，很容易去责备打哭锐锐的小勇，可是当初如果不是锐锐先动手，小勇怎么会打人呢？这就需要两位妈妈有火眼金睛的眼神和明辨是非的智慧了。

小勇妈妈可以这样跟小勇沟通：宝贝，妈妈看到你现在很愤怒，很生气，因为锐锐想抢你手中的棍子，你不愿意给他，你想自己玩，是吗？他还打了你的头，所以你很生气，你就打了他，是吗？来，妈妈抱抱，消消气……妈妈也看到你拿着棍子玩了很久，锐锐也想玩，他也等了很久，他想等你不玩了再拿来玩，但是他一直没等到，所以就着急了，就打了你。

听到妈妈这样说，小勇心里舒服了许多，因为他觉得被妈妈理解了。妈妈又问，你还想跟锐锐做朋友吗？小勇点点头。妈妈说，那锐锐很想玩，你觉得什么时候可以给他玩一下呢？小勇主动把棍子递给了锐锐，两个小朋友又开心地玩在了一起。

那锐锐妈妈可以怎样安抚锐锐呢？

她可以说：锐锐，你很想玩小勇手上的泡沫棍，是吗？妈妈看见你等待了一下，但是小勇一直在玩，你一着急就去抢小勇手中的棍子了，是吗？锐锐点点头。妈妈又说，我看到你在抢的时候，打了小勇的头，他很生气，然后就打了你，你就被打哭了。锐锐又点点头。妈妈说，我知道你现在感到很痛，又觉得委屈，小勇玩了这么久，都不给你玩一下。但是你用打人的方式来得到你想要的东西，你觉得对吗？最后你得到棍子了吗？锐锐摇摇头。妈妈说，那你是不是应该跟小勇说对不起呢？然后好好跟他说，你想玩一下棍子，可以吗？锐锐最后在妈妈的引导下，跟小勇道歉，并说出自己的需求，两个小朋友又开心地玩在了一起。

每一次孩子之间发生冲突，都是最好的教育时机，千万不能错过。一个没有建立起规则意识的孩子，一个不懂得尊重别人，不愿意等待，还要武力解决问题的孩子，在人际交往中是会吃亏的，没有人愿意跟这样的孩子建立亲密关系。他们需要无数次的练习，才能明白每个人都有自己的想法，不是谁必须要听谁的，而是需要好好说话，好好沟通。

只要成年人耐心正确地引导，孩子们经过多次练习后，就能学会这个交往技能。

3. 宝贝被欺负了怎么办

曾经有一位奶奶专门来问我：她说她的小孙子快两岁了，胆子比较小，跟别的小朋友一起玩，别人抢了他的东西，他就放弃，我看到孙子被别的孩子欺负，想去帮忙，又担心别的家长怎么看，也担心孩子形成依赖，遇到问题就

164

想奶奶帮忙，自己还是不敢去争取。

这位奶奶真是一位好奶奶，她在带孩子的时候，会用发展的眼光来思考问题。

我跟奶奶说，小朋友之间的小冲突我们不必过于认真，放手让他们自己去体验他们才会学会交往。但是我们要根据现实状况做一定的评估，比如，自己家的孩子是否太小，容易受伤，别人家的孩子是否在交往中没有尺度，容易给自家孩子造成伤害。这些都需要抚养人在做出基本判断后，才能决定要不要出手帮孩子。

如果自家孩子年龄和身材都比较弱小，当孩子的玩具被抢以后，甚至没被抢之前，都应该陪伴在孩子身边，跟他一起保护好他的玩具，这会让孩子产生力量感，知道有人会帮助他，保护他，他就不会害怕。甚至我们还应该告诉孩子，别怕，妈妈会和你一起保护好你的东西，不让别人抢走。千万不要等欺负和伤害发生了再去安抚孩子，那时孩子的内在已经对人际交往产生了恐惧，那就为时已晚了。

等孩子再大一点，我们可以教孩子如何反抗，如何保护自己，甚至在不造成伤害的前提下还手，这也是一种适应社会的方式，这是后话了。

但是，如果我们评估后觉得两个孩子年龄相仿，势均力敌，就应该放手让孩子去交往，哪怕受到一点伤害，也不用太紧张，因为都是小朋友，即便受伤也伤不到哪里去。大人们都在旁边看着呢？这个时候，我们就应该放松下心态，给孩子历练的机会。

4. 宝贝不愿意分享

1岁半以后，随着自我中心思维向社会化思维的转化，孩子所要学的一项重要技能就是"分享"。

分享并不是天生就会的，只有到了3岁左右才真正出现分享行为，在学会分享之前孩子先要知道什么是我和我的，知道什么东西属于我，才能真正学会分享。真正的分享意味着快乐，如果硬逼着孩子分享，孩子因为分享体会到的是恐惧和担心，那这样的要求是不应该的。只有孩子清楚了什么能给自己带来快乐，同时他也期待着让别人与他分享时，分享行为才能真正主动出现。

这个能力也是孩子必须在实践中不断学习而提升的社交能力，儿童社交上遇到的所有困难，都跟自我意识的发展有关系。

有自我意识，就意味着孩子有他自己的想法。

如孩子可能处在"物权意识"敏感期，孩子对自己的东西有很强的占有欲，不愿意分享。

如孩子认为这个玩具很重要，他不愿意跟别人分享。

如孩子自己还没得到满足，他正在享受玩玩具的乐趣，所以不愿意分享。

其实孩子的这种意识只跟自己的快乐感觉有关，跟成年人所认为的"分享是美德"一毛钱关系都没有。分享是美德，那是成年人通过分享获得了精神上的满足、认可和快乐，而孩子毕竟是孩子，他还没有从精神上体验到快乐的境界。所以，成年人不应该把自己的面子和尴尬凌驾于孩子的单纯之上。

5. 全方位的"妈妈抢夺战"

现代家庭，二宝、三宝比比皆是，兄弟姐妹间的交往之战，天天都会上演，尤其是年龄接近的几个孩子。父母不需要过于焦虑和担心，因为大自然的生命法则告诉我们，每个小生命都是在互相玩耍、争抢打斗中不断练习而成长完善的。

其中，抢妈妈之战是所有孩子的必经之战，有的是心理层面的较量，有的是身体层面的较量，除非他们之间的年龄和心智相差足够之大，不在同一个量级上。

跟大家分享我们家两个宝贝抢妈妈的故事，相差8岁的兄妹俩，也没少让我这个妈省心呢！

妹妹两岁半时，我们全家人放暑假去青岛自驾游，一路上的风景没给我留下什么特别的印象，最难忘的就是两个孩子一路抢妈妈。

从广州出发开始，妹妹就一直只要妈妈，妈妈牵、妈妈抱、妈妈喂，上厕所要妈妈、睡觉要妈妈、削水果吃要妈妈，总之所有事情都必须要妈妈陪、妈妈做。这样就激起了哥哥对妈妈的占有欲。平时在家里，哥哥已经觉得妈妈不够爱他，妈妈给妹妹的时间太多了，现在可好，就在哥哥的眼皮底下，抢妈妈，这还得了。于是，哥哥就故意表现出一些行为来气妹妹。如故意把手搭在我肩上，故意有时抱抱我，故意把头靠在我肩上，故意跟我牵牵手。这时，妹妹就会赶紧过来，把我俩分开，又哭又闹，哥哥又故意不让她。哥哥的另一个表现就是，总是盯着妹妹做错事，如妹妹把没吃完的水果乱扔，妹妹把水洒在了车里，妹妹总想跑来跑去，妹妹不小心撞了我的头……哥哥一发现了，就去挠妹妹的痒痒，他的出手又重，经常把妹妹弄疼，又是一阵哭闹。结果，兄妹俩互相刺激对方，把这场争抢战愈演愈烈。

于是，这一路上，我就不断地安慰妹妹，又安慰哥哥，真的是感到身心疲惫啊！老人家总是指责哥哥，说他不懂事，妹妹还小，要让着妹妹。我也跟他说，你们两个，妈妈都爱，一人爱一半，后来为了让大宝更平衡一些，我说爱他51%，爱妹妹49%，他说我不相信。我说，那我也没办法，我对你们两个的爱是一样的，但是因为妹妹太小，所以我要更多地照顾她。

因为得不到家人的理解，哥哥还是变本加厉地戏弄妹妹，旅游到一半时，终于激起了爸爸的愤怒，说想揍他。我只好跟爸爸说，你要理解大宝，他跟我说，我不爱他，只爱妹妹，总是照顾妹妹，没有关注他。其实我也好累啊！如果你真的想帮我的话，你就对儿子更好更爱他，甚至代替我给他一半的母爱，跟他聊天，陪他玩，这就是在帮我，而不是总骂他，想打他。爸爸就沉默了。

最过分的一次是在火车站等火车时，妹妹从他身边经过，他故意把腿伸出来，把妹妹绊倒摔了一跤。那一次，我真的非常生气，我很严肃地告诉他：妹妹只有两岁半，所有两岁半的孩子都喜欢占有妈妈，你小的时候也是这样的，你也不许别人抱妈妈。你用这种方式来伤害妹妹，我不接受，我很生气。你要向妹妹道歉！大宝当时有些沮丧，也道了歉，但是我知道他心里面还是不服气。

后来在火车上，趁着妹妹睡觉，我又跟大宝认真聊了聊。我说，儿子，你能不能给妹妹一年的时间，我保证一年后，妹妹就不会这样了。其实我知道你很爱妹妹，对不对？大宝静默了一下说，我能理解呀，只是觉得她有时太过分了。如果我真抢，她早就死定了，她怎么能抢得过我呢？我听完，欣慰地笑了笑，我还以为大宝没有接纳度呢，原来他的心里是有数的。

我又问他，你想妈妈怎样做？他说，我要你当着妹妹的面，抱着我，然后告诉妹妹，你只爱我。我明白了，在儿子的心里还是对妹妹充满"羡慕、忌妒、恨"哪，他就是想要我全部的爱。我搂着儿子的肩膀，对他说："儿子，妈妈是百分百爱你的，只是现在不能百分百地关注你。我不能按你的要求对妹妹说这样的话，这会对妹妹造成伤害。如果妹妹被伤害了，爸爸妈妈也会觉得很难过。我们能不能想一个三赢的办法，让所有人都开心呢！"大宝说，我想不到。我说，我给你一个建议吧，当妹妹抢妈妈时，你平静地笑着对妹妹说："你抢吧，我不需要和你抢，就知道妈妈爱我。"大宝说，好吧，我要睡觉了。

从青岛旅游回来后，我跟两个孩子认真聊过一次。

我把妹妹抱在怀里，另一只手搭在哥哥肩上说，你们俩都是妈妈的孩子，哥哥先来，妹妹后来，你们要这样跟对方说。我说一句，你们说一句。

哥哥说："妹妹，我大，你小，我是哥哥，你是妹妹，我比你先来到我们家，我有资格教导你，我要成为你的榜样！"

妹妹说："哥哥，我小，你大，我是妹妹，你是哥哥，我比你后来到我们家，我可以听从你的教导，我要尊重你！"

两个孩子抢妈妈，我们是不是觉得又好气又好笑？

可是换一个角度来看，这个世界本来就是一个需要"争宠"的世界，这个世界的资源是有限的，这个世界本来就是充满竞争的。提前让他们在家里多多练习，也不是一件坏事啊！这是独生子女怎么都学不到的"竞争、协商、妥协、接受、成长"。

168

8.3 成年人是孩子学习人际交往的榜样

1. 夫妻关系的和谐，意味着世界关系的和谐

夫妻关系和睦，对0~3岁的孩子来说，最大的影响是，让宝贝对家庭产生安全感和归属感。对于婴幼儿来说，父母就是他们的整个世界，所以父母之间如果经常吵架或冷战，就相当于世界局部冲突，父母之间的激烈争吵甚至拳脚相加，就相当于是"世界大战"。如果经常把婴幼儿置身在这样的家庭氛围中，孩子会非常受刺激，非常痛苦和害怕。再加上他还不能区分自己的行为和环境的关系，他们往往会把父母间的冲突归因于自己不好、不乖，从而产生很大的不安和负罪感。

在孩子眼里，他所看到的第一种关系是爸爸和妈妈之间的关系，它代表的是两种人，男人和女人，所以夫妻关系好不好也就意味着，这个家庭的氛围好不好。

如果父母能把一个美好的婚姻关系当作礼物送给孩子，这不仅有利于孩子安全感的建立，还对于孩子社会化、人际关系等诸多方面大有裨益。和谐的夫妻关系，会让宝宝对这个世界产生美好的感觉，也让他学习到一个男人和一个女人，他们之间是可以和谐相处的。

2. 成年人的情绪管理力，影响孩子的情商

我们一直在说0~3岁的孩子主要靠模仿和感觉来学习，与他人交往的过程，主要就是模仿抚养人的情绪或他们的情绪管理方式。可是这个抚养人具备怎样的情绪管理能力，那就因人而异了。

一个高情商的父母，才能养育一个高情商的孩子，一个高沟通力的父母，才能培养一个高沟通力的孩子。

我们举个例子吧：

小宝最近有些咳嗽，有些零食就不能让她吃了。可是今天下午奶奶带小宝到楼下玩，隔壁家的林姨婆给了小宝一颗糖，小宝就很想吃，但是奶奶说不行,你现在咳嗽不能吃糖,可是小宝哪里控制得住,又哭又闹,奶奶说如果晚上你好好吃饭,就能吃这颗糖了,小宝执拗了好久,最后还是接受了。

回到家,她让奶奶把糖拿出来,奶奶担心孩子自己去拿,就把糖放在了高高的柜子上。吃过晚饭后,小宝一直心心念念这颗糖,自己拿着凳子就去柜子上拿,这时爸爸下班回到家,看见小宝正在偷偷地自己想办法拿糖,爸爸很生气,对小宝说,你生病了,咳嗽了,不能吃糖,你还要自己偷偷搭凳子去拿,你这样做不可以。小宝为了这颗糖等了这么久,听到爸爸这样说,"哇"一声就哭出来了。

见到孩子哭了,爸爸更生气,觉得孩子不可理喻,我只是说了你一下,你就这么大脾气吗?你这样做,明明就不对嘛!这时奶奶出来了,跟爸爸说明了情况,并对爸爸说,你干嘛发那么大火,吓到孩子了。爸爸说,我没有发火,我只是在跟她好好说而已!

这位爸爸的情绪管理能力显然是欠缺的,我们看看他需要做哪些提升:

(1)提高觉察力,爸爸需要觉察到自己的情绪,他担心孩子的身体,他对孩子的行为很生气,所以他有害怕和愤怒的情绪。

(2)提高表达力,爸爸应该承认自己的情绪,也可以向孩子表达自己的情绪,如爸爸担心你的咳嗽没有好,爸爸看见你这样做很生气。

(3)识别他人情绪的能力,爸爸对孩子情绪的理解显然也是有偏差的,他觉得孩子哭是为了表达她的愤怒,而其实孩子的哭声表达的是委屈。

(4)调控自己情绪的能力,如果爸爸没有意识到自己有情绪,他就不会想主动调控情绪,所以只有先觉察,才会主动调控,而爸爸显然也没有掌握调节自己情绪的方法,例如,暂停法、深呼吸法……

(5)调控他人情绪的能力,如果爸爸无法搞定他自己的情绪,其实他也没办法去连接和调节孩子的情绪,他缺乏对情绪的正确认知和管理情绪的心态与方法。

当父母不具备情商管理的能力时,他成为不了孩子模仿的正确对象,同时，父母在问题处理上的简单粗暴，也会让孩子模仿到，并觉得很受伤。孩子在这样的家庭长大，也很难成为一个高情商的人。

3. 成年人应该经常用肢体语言来表达"爱"

非语言交流的方式，对于0~3岁的孩子来说太重要了。身体的语言就是心灵的语言，身体有多亲密就代表了我们的心灵距离有多近。

成年人的目光、表情和触摸对于0~3岁的孩子来说，是建立自我认同感的基本模式。

成年人在身体上是容易有卡点的，随着孩子年龄的增长，我们可能对孩子的抚触、亲吻、拥抱越来越少，但是我们要知道触摸是对人表示关怀的重要方式，如果小时候缺失了，可能会影响孩子一辈子。

小泽已经是一个四年级的学生了，他常常跟其他同学发生肢体冲突，不是他故意要去打别人，而是喜欢"黏"在别人身上，让别人觉得不舒服。老师和父母总是说他，让他要有身体界限，可是他觉得好难，他就是喜欢动不动挨近别人，或是抱住别人。

后来在跟他的父母交流时，他的爸爸突然感慨地说了一句：孩子从小到大，我好像都没抱过他。孩子的眼眶马上就湿润了。

我们很难想象，一个爸爸因为工作太忙，因为没有把心思放在家庭，因为反正有奶奶带，他从来没有抱过孩子，这让孩子的内心有多少渴望没被满足。

当然，绝大多数父母是喜欢用身体跟孩子互动的，只是可能很多父母没有意识到一些细节的重要性，可能会对孩子产生巨大的影响。

如我们的面部表情会表达一个人对另一个人的评价，让孩子体验到微妙的情绪变化：撇嘴表示不高兴，皱鼻子表示厌恶，瞪眼表示生气。

如眼神会传递出一种或温暖、或敌意、或被关注的信息。

如多用肢体语言表示温暖和关怀：尽量与儿童保持头部一样高，蹲下来跟孩子讲话；尽量靠近儿童说话而不是两米以外；儿童说话时尽量快速回应并倾听；经常但不是连续的目光接触；身体向儿童微微倾斜；让儿童感觉你在尽一切努力试图理解他；说话时声音清晰，节奏平稳，放松而坚定。

总之，管理好我们的肢体语言，尽量传递积极正向、开心温暖的肢体语言，孩子就会学习到用并同样方式对待别人。

4. 成年人解决问题的方式，是孩子学习的榜样

成人解决问题的方式，也是婴幼儿模仿的对象。

如一个小宝贝会去安慰另一个小伙伴，或者因为有孩子哭了而难过，孩子很多早期关心行为的发生是因为他们以前被关心过。

如爸爸用打人的方式来处理问题，或者在激烈的情绪中控制不住就摔东西，这些行为宝宝都会看在眼里，当他面对冲突时，下意识地就会出现同样的行为。

如当婆媳关系不好，妈妈和奶奶经常起冲突时，孩子会模仿妈妈，对奶奶产生对抗情绪。

总之，父母用什么样的语言和行为来给孩子做言传身教，孩子就能学会各种解决问题的方式。

5. 用绘本和故事去影响孩子

0~3岁有很多关于人际交往的绘本，里面一个一个的小故事会让孩子很感兴趣，再加上孩子喜欢角色扮演，如果抚养人能够通过角色扮演的游戏，帮助孩子提高与人交往的能力，再辅助一些娃娃或手偶，就会让孩子有更好的代入感。

如两个好朋友吵架了，怎么办？我们就给孩子讲《我想要那个橡子》。

如孩子说话的声音好小，怎么办？可以给孩子讲《奥菲莉亚的影子剧院》。

如孩子被欺负了，或者孩子又欺负别人了，怎么办？一起来读读《受气包和淘气鬼》。

……

总之，只要老师或父母多想想办法，借用故事、游戏和道具，孩子们可以更快更好地成为社交小达人！

第9章

性意识维度：

抓住性意识发展敏感期，让孩子的自信心更上一层楼

父母学习"性教育"一小步，孩子的自信提升一大步。

著名精神分析学派代表人物，奥地利心理学家西格蒙德·弗洛伊德认为，人天然有性本能，而且性本能是生物性能量，会随着年龄不同，生理和物质基础上的变化，有不同的快感中心。根据人快感中心的变迁，一个人的人格发展可以划分为5个发展阶段，其中跟0~3岁有关的是口欲期和肛欲期。

口欲期，时间是0~1岁，快感中心集中在口腔部位。

肛欲期，时间是1~3岁，快感中心集中在肛门部位。

父母们不是教育专家，对儿童身心发展规律，可能认为一知半解就行了，但是对于儿童的"性心理"发展，我建议父母们还是要好好学习一下，因为我们自己曾经错过，因为我们也特别需要补上这一课。

我相信，每个父母都希望培养出自信的孩子，那"自信"和"性心理"有关系吗？是的，在"拉撒排泄"的身体本能上，越感到快乐的孩子，越自信。这份快乐是孩子的本能，但需要得到父母和环境的接纳。否则当我们莫名其妙地伤害了孩子，都不自知，那就会付出"无知"的代价。

9.1　珍惜口欲期跟孩子在一起的美好时光

口欲期是指婴幼儿处于一种完全不自立的状态，他们只能依赖母亲或其他养育者生活，因为没有行动能力，口就是婴幼儿生活的中心和兴趣的中心，吃奶是用口，饥饿或者不舒服的时候，用口哭叫，愤怒的时候，用口咬母亲的乳头，或者抓到东西都往嘴里塞，这是婴幼儿认识自己和他人的唯一手段。

弗洛伊德认为口欲期的婴幼儿对口腔的依恋，是产生快乐和悲伤的源头，当他们依赖母亲的乳房时，会非常满足和快乐，当母亲不在身边，不能随时被哺乳时，他们会表现得十分焦虑、难过，或大哭小叫。实在无聊时，吮吸手指也能获得一种口腔上的满足感，以此来传达自己的积极情绪。如果这一阶段，婴儿的口欲受到限制，那么他可能在长大后会出现喜欢咬指甲、抽烟、酗酒、暴饮暴食等不良的口欲性依赖。

1. 不要通过哺乳操控孩子

现在很多妈妈通过学习，都开始接受初生婴儿要"按需哺乳"的科学育儿观念。只要婴儿想吃，就随时哺乳，只要母亲涨奶了，孩子肯吃，也可以喂。这样做的最大好处是，完全以孩子的心理需求为本，而不是所谓的教条式"按时哺乳"。其实，当宝贝3个月后，他自己也会逐渐拉长吃奶间隔，吃母乳会变得更有规律。

对于口欲期的宝宝来说，吃奶可能并不完全是为了饱肚子，而是因为他们有旺盛的"吸吮需求"，他们需要通过吃母乳的吸吮动作来缓解紧张焦虑或无聊情绪。所以，妈妈需要在这个阶段把自己当成"喂奶工具"，让宝宝得到充分满足。当然，我并不是说让妈妈只把自己当机器，而是说我们要有这个意识去配合宝宝口欲期的心理需求。

既然这个工具在母亲身上，那母亲就有决定权，喂或是不喂，或者是什么时候喂，什么情况下喂，这需要母亲具备很好的情绪稳定性和自我觉察力，不能把哺乳变成操控孩子的工具。

跟大家分享一个我看到的情景：

在我女儿6个月时，有一天上午我带她到公园玩耍，当时是冬天，暖暖的阳光照射下来，并没有让人觉得冷，反而让大人和孩子们玩得有些出汗。在公园的一大块空地上，坐着七八个带孩子的妈妈或老人，大家都慵懒地享受着冬日的阳光，非常惬意。

这时我看到有位妈妈突然解开衣服，准备给孩子喂奶，她家孩子大概8个月左右。我当时愣了一下，觉得有些不可思议，一方面是因为这是在大庭广众之下，另一方面是因为孩子看上去并没有想吃奶的需求。只见她把孩子的身体放了下来，准备让孩子开始吃奶，可是孩子吃了两秒，就把头抬起来了，他的注意力显然不在这里，而是在地面上玩耍的孩子身上。这个妈妈并没有在意孩子的状态，又把孩子的头按了下去，孩子根本不想吃，又把头抬了起来，就这样按了三四次后，孩子哭了起来，妈妈也不管孩子的情绪，只是想让孩子吃奶。

最终孩子还是按照妈妈的意愿开始吃奶了，我看到他边啜泣边吮吸的样子，心里很难受。

我想这位妈妈应该也是爱孩子的，可能她觉得时间到了，应该喂孩子了，可能她是想让孩子睡觉了，可能……总之，我们无法评判一位母亲用她认为对的方式来喂养孩子，但我仍然希望有更多的母亲放下自己的担心和自以为是，真正地连接上孩子的感觉，让孩子从小为他的需求作主，成为他自己的主人。

2. 了解自己，帮助孩子好好度过口欲期

也许，"不断学习、调整心态"是让新妈妈们放下担心和评判，真正回归母性本能的重要方式。

有位全职妈妈说，她本来有"洁癖"，特别注重宝宝的身体健康。在出生的头几个月，宝宝只是吃吃手，还可以接受，可是到了口欲期高峰时，宝宝抓什么都往嘴里喂，她就非常抓狂了，后来她自己通过不断看书、学习，了解孩子不同阶段的成长过程，慢慢地才把自己的心态调整到"正常"。经过一年的陪伴，她不仅更了解了孩子，也更了解了自己，一不小心，还疗愈了自己内心的恐惧。

她在日记中写道：

宝宝两个月，开始把手喂到嘴里，我看到了她满足的样子，没有打扰她。

宝宝3个月，她把整个手塞进嘴里，我感到好笑，但我还是给了她鼓励的眼神。

宝宝5个月，她抱起脚趾头放嘴里啃，一副享受的样子让我觉得好搞笑，也有了一点小担心！每次都把小脚重点洗干净。

宝宝6个月，她抓到什么都塞进嘴里，我有点焦虑了，把所有她能摸到抓到的东西，每天都洗一遍，烫一遍。孩子的衣服上只要吐上一口奶，我都会给脱下来洗掉。

宝宝7个月，她一吃手就弄得满脸是口水，小脸蛋都被我擦得通红。虽然我允许孩子吃手了，但是每次看到她吃手，我还是忍不住说一句"臭丫头，脏不脏啊"！

宝宝8个月，她会在无聊的时候吃手，也要在睡觉的时候吃手，如果不让她吃，她就会哭闹。所以在睡觉的时候我都忍着让她吃，等她睡熟了我再给她擦干净。

从宝宝添加辅食后，她几乎把所有的能量都放在嘴巴上，她的嘴巴不是在吃，就是在寻找吃的过程中。她完全沉浸在自己满足而安祥的时光里，丝毫感觉不到我的担心，看到她快乐的样子，我开始想，我的不快乐可能不是因为孩子，而是因为我自己，所以，我需要找到自己担心的源头，找到自己的快乐！于是，我开始往童年去找寻自己成长的蛛丝马迹。

我小时候在农村长大，虽然家在农村，但是我妈妈却是一个挺讲究的人，从小她就告诉我，吃手是一个很不卫生的习惯，女孩子不要整天脏兮兮的。所以我想，可能这就是我不能接受孩子吃手的根本原因吧！现在通过学习我知道了，不能吃手的小洁癖跟孩子的口欲期是两回事，我需要调整我的认知和状态，才能科学地带好孩子。

3. 从口欲期到肛欲期过渡时，断奶就可以提上日程了

孩子的口欲期什么时候结束，从时间上来看，在1岁多一点，但是每个孩子有差异，有的孩子会到1岁半左右。大多数孩子的断奶，也发生在这个年龄

段,所以断奶也可以标志着孩子口欲期即将结束。

口欲期给孩子带来的口腔满足感和快感是显而易见的,那么口欲期的结束也就意味着,孩子从心理上开始有分离焦虑了,与妈妈身体上的分离,意味着与妈妈"共生期"的结束,同时也意味着孩子经过内在的挣扎,开始决定要做一个"独立的人"。

在这个分离过程中,如果妈妈能尊重孩子在断奶时产生的负面情绪,同时坚定自己要帮助孩子"离乳"的决心,那孩子也会"离"得义无反顾!

我们来看看一个宝宝的断奶案例。

我家醒宝,快两岁时断的奶,说实话,对断奶我有很多的担心。因为每天晚上,她都要醒两三次,我要通过喂奶才能把她安抚好,继续睡觉。我担心如果断了奶,晚上怎么办?

提前两个星期我就告诉醒宝,你长大了,不能再吃妈妈的奶了,妈妈决定两个星期后断奶。她没有表现出不愿意的情绪。一个星期后,我又跟醒宝说了一次,提前两天,我又跟醒宝讲了一遍。本来我还想着用奶粉来代替,但是醒宝不爱喝。于是她想吃奶时,就给白开水,晚上醒来,也是喂白开水,结果一下子就戒掉了。

我还记得断奶的第一天晚上,我感觉到不是孩子不舍得,而是我自己不舍得。想起孩子吃奶时那闪光的小眼神,让我产生迷醉。在漫长的一辈子,跟孩子完全在一起的幸福时刻少之又少,哺乳期就是其中最珍贵的记忆,今天就要结束了。

其实孩子并没有太大的反应。第5天,醒宝问我,妈妈,你的乳房里还有奶吗?我说,没有了。她说,我要再看看。我说,可以,就给她看。然后,她什么都没说,就自己走了。

每个孩子成长的节点有快有慢,口欲期的结束和延续,并不是统一划定的。所以,我们要给孩子一些时间和空间。

另一位妈妈说：

我们家的林宝，一直都是混和喂养，既喂母乳，也喂奶粉，6个月因为要上班，我就给孩子断奶了，我感觉林宝对乳房没有过多的依恋。

现在回想起来，如果说有什么替代性的依恋的话，可能就是他开始喜欢摸着被子的边边睡觉，尤其是在晚上睡觉前，那是必须要摸边边的，否则就会又哭又闹。有时，因为被套洗了，没有了硬硬的那一条边沿，他觉得摸起来手感不对，也会哭闹。后来，我才知道这叫"安慰物"或"依恋物"，是孩子自我情感调节和自我满足的一种方式。

林宝的口欲期过渡得不好，直到五六岁，还是拿到什么就往嘴里喂，挺让人担心的。后来我反省自己，可能是让孩子断奶后，他开始依恋被子边边时，我没有充分满足到他，而我自己上班又很忙，每天早出晚归，没有给到林宝足够的安抚。所以，他对物品的依恋多过对妈妈的依恋。

我们永远不知道在孩子成长的那个当下，我们是否做错了什么。不用后悔，悲伤与犯错一样，都一定会经历，也一定会过去。妈妈只要带着觉知，面对现实，活在当下，一切都会慢慢回到正确的轨道上来。

9.2　懂得享受人生的大快乐——肛欲期来了

儿童性心理，对大多数父母来说是神秘而陌生的。

因为"性"的天然神秘感和羞耻感，让我们无法真正地了解儿童。

1岁半左右，婴儿们长大一些了，他们不再仅仅依靠嘴来满足欲望。这个时期的宝宝们，也慢慢不再随意排泄，而是随着括约肌的逐渐发达，开始控制自己的大小便，想大便时强烈的肌肉收缩，拉粑粑时黏膜产生的刺激感，对小宝宝来说都是新奇的体验。

弗洛伊德认为，从某种角度上来讲，大小便给幼儿带来了一定的享受感。原来这么早，孩子就开始懂得享受人生的大快乐了！

从此时开始，也就进入了培养宝宝自信的关键期。因为宝宝突然发现我能控制自己的身体了，想不想拉，我自己说了算。同时，当他发现我还控制不好自己的身体时，他会感到很挫败，产生"我不行"的认知。

所以，要想培养孩子的自信，就从此时开始吧！

1. 孩子大小便，到底要不要训练呢？

当孩子到了一定阶段，我们都会希望孩子脱离尿布，自主大小便。

有的老人甚至会在孩子1岁前就开始训练，而在科学育儿观里，主张从两岁左右开始训练，只是很多成年人还是希望尽早训练孩子如厕或自主排便。

我认识一位妈妈，她说，为了让孩子1岁半上托育园，从1岁两个月开始训练孩子，让他想拉大小便时，会叫人，会自己坐便盆，孩子基本上都能做到。可是我们知道，这个训练的过程有可能鸡飞狗跳，也可能一不小心适得其反，给孩子带来恐惧。

我们一定要知道对孩子进行如厕训练，到底要训练什么？弗洛伊德的精神分析理论认为，儿童学习控制自己身体排便行为的过程，可以让处于肛欲期的儿童通过排泄消除紧张而获得快感。在这一时期，儿童必须学会控制生理排泄，使之符合社会的要求。排便训练是儿童与外部纪律、权威的第一次接触，代表了本能冲动与外部社会规范之间的冲突，排便训练的好坏会对儿童的人格发展产生重大影响。如果训练过严，会使儿童形成过分整洁、吝啬、小气的肛门固着型性格；训练过松则会形成不守秩序、不拘小节的肛门排出型性格。

所以，我们一定要特别注重训练的过程，把握好尺度，既不能太严，让孩子产生恐惧，又不能太松，让孩子随意乱拉。同时成年人的心态也很重要，如果我们有了焦虑情绪，并把这种情绪传递给孩子，让孩子感受到压力，这个训练过程就可能让父母和孩子双方都产生挫败感。我们一定要明白，训练的主体是孩子，每个孩子成长的节点不一样，如语言表达的能力、括约肌控制的能力、对指令理解的能力……如果我们在训练时，眼中没有孩子，那还不如不要训练，因为孩子不是小狗，也不是一个物品。

我曾经听一些妈妈说，因为她们要上班，没时间在家训练孩子如厕，孩子都是交给老人带，言下之意，如果孩子的如厕训练没有做好，都是老人的错。可是不管是妈妈还是老人，似乎都不是绝对地做不好或做得好，这取决于抚养人的耐心，如果成年人能放下担心和批评，能不断地给孩子做出示范，并等待孩子完全明白自己的身体反应和外在指令之间的关系，孩子自然会成功过渡。

让我们从下面这位宝妈的成功经验中，看看能学习到什么。

小宝1岁3个月了，一直系着尿片，爸爸、外婆和奶奶都说，让小宝自己坐便盆吧，可以训练孩子自己大小便了。妈妈回应他们，没事，现在是冬天，等天热了再说吧。但是，其实妈妈知道，小宝在1岁1个月左右，就已经达到训练大小便的条件了。因为她早就发现，只要她上厕所，小宝就跑过去看，她已经知道原来大人是这样上厕所的。只是妈妈在等待一个好时机，想让小宝更顺利地度过这个重要阶段。

一转眼，小宝到了1岁5个月，天气慢慢暖和起来，于是妈妈买回了一个便盆，这个小便盆让小宝觉得很好奇，就好像发现了一个新玩具，小宝每天都要到上面坐一坐。每当这个时候，妈妈会微笑着走过来对小宝说："小宝，这是你的小便盆，你已经长大了，以后想尿尿或想拉便便时，就过来坐着拉哦！"小宝似懂非懂地点点头。

就这样，大概又过了两三周，妈妈才开始把小宝身上的尿片取掉。她再次对小宝说："小宝，你已经长大了，不需要尿片了，你已经知道什么时候尿尿，什么时候拉粑粑了，你已经可以管住自己的身体了，你想什么时候拉就什么时候拉。以后你想尿尿或拉粑粑，要自己坐到便盆上哦，以后我们就不系尿片了，你会觉得小屁屁特别舒服，你也会玩得更开心。"小宝又似懂非懂地点了点头。

可是一开始，并不能完全按妈妈所想的那样一步到位。头两周，小宝总是忍不住，先拉在裤子里了，才说拉了，拉大便也是这样，妈妈一天到晚要洗N次裤子。但是妈妈很有耐心，从来没有批评过孩子，经历过两三周后，妈妈开始观察孩子，发现她一有便意，就把她引导到便盆上，这样慢慢地小宝就形成了习惯。但是如果小宝已经开始拉了，妈妈会等她拉完，然后把便盆拿到小宝的旁边，对他说，对不起，妈妈来晚了，下次要拉到便盆里，然后细心地帮孩子做身体清理。

就这样，又经过了两个月，到1岁10个月时，小宝的大小便就完全可以自理了。

小宝妈妈训练孩子排便如厕的过程，虽然耗时近5个月，但是小宝是在完全没有压力的状态下成功完成"人生大事"的，时间虽然长了一些，但这并不意味着孩子的发展比别的孩子要落后。

吃饱和排泄，是一个人与生俱来的本能，不必要经过学习，他自己就知道如何进行。虽说这个过程慢一些，给成人增添了一些麻烦，但是人生路漫漫，何必要着急在这半年呢？

可是也有一些案例，让我们做父母的应该早有警醒。

浩浩妈妈在4岁时找到我，她的孩子当时正在幼儿园读中班，她说现在孩子不愿意上幼儿园了，因为有一次在幼儿园大便时，被小朋友说"浩浩，你的大便真臭啊"！他觉得别人在笑话他，老师当时觉得小朋友之间开个玩笑，挺正常的，也没特别在意。可是后来发展到上课时，他不再积极参与，甚至不愿意进课堂，自信心大受打击。浩浩妈妈觉得很奇怪，为什么他的儿子会如此敏感和脆弱呢？

我让妈妈回顾了孩子在4岁以前，他在家里的情况，原来孩子的不自信跟小时候奶奶对他的如厕训练不恰当有很大的关系。

浩浩妈妈工作很忙，平时都是奶奶帮忙带孩子。她回忆道：1岁半左右，奶奶就要求浩浩上厕所拉屎撒尿，每次孩子做不到，她就大喊大叫，不断地抱怨和指责浩浩。那段时间，每当她下班后回到家，浩浩都特别黏她。

后来，有段时间他会突然出现憋尿的现象，说想尿尿，奶奶带他到厕所后他又尿不出来，但转眼又尿在裤子里，最多的时候一天尿五六次裤子。

每次尿裤子，奶奶就对他发脾气，老觉得他是故意的。没想到奶奶越这样说，浩浩就越是变本加厉，有一天当奶奶在打扫卫生时，浩浩竟然在一旁憋红了小脸，认真地站在一个角落努力拉粑粑。奶奶被气疯了，把浩浩拉过来，照着他的小屁股啪啪就是几下，边打边恐吓："你下次再把粑粑拉裤子里，大野狼就会来把你叼走，你就再也见不到妈妈了！"

可是哪怕奶奶这么严厉，浩浩也没改掉这个坏毛病，奶奶骂得越凶，他拉大便在裤子里的次数就越多，好像在报复奶奶。

当孩子在这个阶段出现"报复"行为，或者出现退缩行为时，其实都是孩子在寻求自我保护的一种方式，孩子承受不了这么大的压力，就想变回小的时候，即使尿了拉了也不会受责备。

我想答案已经显而易见了，当浩浩妈妈自己在回忆的时候，也明白了现在浩浩为什么如此敏感，为什么小朋友一句不经意的"玩笑话"会让浩浩感到受伤。这是因为奶奶不懂儿童肛欲期的表现，对孩子的训练过于着急，而且经常指责或打骂孩子，让孩子心里产生了恐惧，所以才对别人说的一句"大实话"心存介蒂。

爸爸妈妈们，你们明白了吗？孩子的大小便看似最平常，其实这个过程也在显示孩子内心的自主感和力量感，要么他会因为自控而越来越自信，要么他会因为自责而越来越自卑。

2. 宝宝玩弄生殖器，千万别"伤害"了孩子

3岁前的宝宝玩弄生殖器，其实也是肛欲期的正常表现。但是这会引起抚养人的担忧，甚至给孩子贴上不该有的标签，如"性早熟、手淫"等。其实这都是因为抚养人对婴幼儿性心理特点的一无所知。

有学习过的父母肯定能给孩子很高的接纳度，但是未学习过的父母就有

可能给孩子带来伤害。

丝丝是一个可爱的小女孩，她的妈妈是一个心理咨询师，学习过儿童的性心理发展，她养育孩子的过程，可以给父母们很多启发。

丝丝探索生殖器的行为来得特别早，两岁半左右就开始了。那时候，她听到我们讨论哥哥的"小鸡鸡"痒，怎么办。她就叫自己尿尿的地方"小鸡鸡"，我们没有纠正她，反正有一天她总会知道正确名称的。

有一天，洗完澡以后，我们把她放到床上，她突然开始摸起了自己的生殖器。我笑着问她，什么感觉呀？丝丝说，好舒服！

两个月以后，这样的行为更加严重了，无论坐到哪里，丝丝经常性地把手伸进裤子里。有时在客厅里也会这样，全家人都受不了，奶奶恐吓她，不要摸。爸爸和哥哥也觉得太放肆了。而我没有像他们那样慌乱，我只是轻描淡写地把丝丝的手拿出来，然后转移她的注意力。

有一天晚上睡觉的时候，我跟丝丝聊天，我问她，你摸眼睛是什么感觉呀？她说，没有感觉。我又问，你摸鼻子，是什么感觉呀？她说，没有感觉。我说，嗯，最近呀我看你喜欢摸小鸡鸡，你一定很喜欢这种感觉，是吗？丝丝点点头。嘴巴、眼睛、鼻子、小鸡鸡都是我们身体的一部分，都很重要哦！但是感觉是不一样的，是不是很奇妙啊！丝丝笑笑点点头。

说实话，我也没想到丝丝对生殖器的探索来得这么早，哥哥是3岁半开始的，那时我还能跟他讲讲道理，但是两岁多的孩子，讲道理都没用啊，她听不懂，也控制不住。所以，每当看见她这样做，我只能把她的手拿出来，然后陪她玩。但是，我这样做的效果并不大。我只好告诉丝丝，在客厅里、在外面是不可以的，别人会笑话你。只有在自己的床上，盖上被子才可以。后来，她就只是在中午午睡前和晚上睡觉前摸了。

在探索生殖器两三个月后，丝丝突然发现磨蹭生殖器也很快乐。

在幼儿园里，中午睡觉时，丝丝也是会磨蹭。老师把我当专家，特意来问我怎么办？她说不知道孩子是不是生殖器不舒服？我跟老师解释了孩子处在什么阶段，为什么会这样，老师还是挺接受的。

同时，回到家，我又再次跟孩子强调了规则：摸小鸡鸡和摸眼睛是一样的，它们都是我们的身体，但是要把手洗干净，如果手不干净摸了眼睛，眼睛会生病，小鸡鸡也一样。还有，在哪些地方不可以摸，哪些地方可以摸。

就这样，丝丝对生殖器的探索从两岁半一直持续到上小学前。

我还真是佩服丝丝妈妈，跟孩子"斗智斗勇"近4年，这要排除多大的恐惧，还要有多好的心态，才能陪伴孩子顺利度过肛欲期啊！

假如，我们成年人不允许孩子探索生殖器，甚至打压孩子，那会产生怎样的后果呢？从小的方面说，会让孩子产生自我怀疑，不能相信自己的感觉，从大的方面说，可能会给孩子留下心理创伤。

至于怎样的心理创伤可能就因人而异了，但是因此对自己的感受力产生不好的认知还是有的，如我的感觉明明是舒服的，我喜欢这种感觉，大人们却说我是不对的。我是一个坏孩子吗？喜欢自己的身体不对吗？我不够好吗？……

父母对"性知识"的正确认知，决定了孩子对身体的认知和自我接纳度。

9.3 父母科学"性教育"，孩子心理更健康

0~3岁的宝宝，他们那么小，是否给他们实施"性教育"，可能仁者见仁，智者见智。但是几乎所有的儿童心理专家都在告诉我们，无论针对哪个年龄段，"性教育"的对象一定是父母，而不是孩子。特别对于3岁前的孩子来说，他们只有对这个世界的好奇，对自己身体的好奇，他们不知道什么是对，什么是错，什么该做，什么不该做，他们探索这个世界的所有反馈都来自抚养人。

可是哪个抚养人敢说，我反馈给孩子的就是对的呢？我的经验和认知从何而来呢？就好像我在前面举的这些例子，哪个父母不是爱孩子的呢？但是为

什么每个成年人面对孩子进行"性探索"的时候,反应都不一样,这说明成年人需要更多的学习啊!

1. 你会给宝宝把尿吗

婴儿的排泄区,也是性器官的一部分。

妈妈们,我想问问你们,给宝宝系了尿片,你还会给几个月的宝宝把尿吗?

时至今日,小宝宝们用尿片,已经司空见惯了,方便实用,妈妈省心。但是,老人们依然觉得,这对孩子的发展不好,孩子一定不舒服,所以要常常给孩子把尿,希望提前训练孩子,让孩子少用尿片。

我记得4月的南方,天气已不太冷,我每天上午都要带小宝到小区散步,常常看到一些老人和妈妈们,给宝宝把尿。有意思的是,只要有一个人这样做,其他人就好像被传染了一样,马上开始脱自家小孩的裤子,场面极为壮观。

一位妈妈说,我每天给宝宝把一次大便,有时需要蹲半小时,几乎每隔一个小时给宝宝把一次小便。她的孩子4个月,她在说这些话的时候,有一种莫名的自豪感,言下之意,我是一位多么勤快的妈妈。天哪,我们能想象吗?假如我是这个宝宝,我会对自己的小屁屁被暴在"大庭广众"之下而感到无奈和崩溃。

从宝宝的生理发育来说,我们都知道0~1岁的宝宝,还不能控制自己的身体,他需要按照自己的身体节律来排泄。宇宙有自然节律,人的身体也是宇宙的一部分,排泄是身体自然运转后的自然反应。宝宝的自然节律是什么?饿了就吃,渴了就喝,想拉就拉,想尿就尿,它不以别人的意志为转移,也不能跟任何人比较。我想,如果宝宝会说话,他一定会说,妈妈,我就是我,虽然我说不出来,但我有感觉呀!我没有感觉的时候,你非要我拉,我怎么拉得出来呢?

我们一起来增加一点"宝宝生理常识"的学习,好不好?

婴儿的正常排尿生理过程是这样的:尿液经过输尿管运送到膀胱储存,

这时尿液压力会把排尿信号传递到大脑皮层，排尿反射中枢，然后把这个指令传达到膀胱，膀胱引起尿道括约肌松弛，尿液就会排出体外。小婴儿由于膀胱储尿功能差，而且大脑发育不成熟，不能刺激膀胱壁向大脑中枢传递排尿信号。如果提前训练，容易发生膀胱输尿管返流。但是随着年龄的增长，在正常的教养下，1~1.5岁的宝宝会形成主动控制排尿的能力。如果频繁"把尿"，膀胱储存尿的功能和排空的能力就得不到锻炼，大脑中枢对膀胱的指挥就会失效，将来孩子就容易出现小便失禁。

而排便的生理机制跟排尿不同，虽然它也是由大脑排便反射神经中枢来指挥直肠，但是孩子在排便前，会有生理上的反应，如眼睛发亮、嘴角使劲、眼神发呆、身体扭动，甚至放几个臭屁，这时家长就可以赶紧"把便"了。如果再加上家长发出的"吭吭"声，孩子以后只要听到家长这样的声音，就会形成条件反射，极容易形成规律。

所以，从生理反应来看，我们不能给孩子提前"把尿"，这是违反生理规律的，而对于排便，也不是完全以成人的意志为转移，应该按需把便，一般不超过10分钟，否则容易造成孩子脱肛和反感。正确的训练时间是1岁半左右开始。

所以，是否给宝宝把尿把屎，不是成年人说了算，而是由孩子的发育程度说了算！

2. 孩子喜欢屎尿，我们要尊重吗

孩子到了两岁多，有的妈妈发现，宝贝拉臭臭的时候，竟然会用手去摸自己的大便。还有的妈妈很抓狂地说，儿子开始使用小马桶时，我们都很激动，可是后来发现，他喜欢玩马桶里的屎尿，还把大便涂在马桶上，弄得好脏。

看到这样的场景，老人家也容易上纲上线，责怪妈妈对孩子管教不严，没有让孩子养成好的卫生习惯。可是这还真的不能怪妈妈和孩子，这个年龄段的孩子，他们就处在手的敏感期和触觉敏感期，他们对大便有着强烈的好奇心，大便是从自己身上掉下来的，可是一直都没机会让他好好观察一下，研究

一下，看看这个到底是什么东西。所以，一旦有机会，他就很想探索一下。其实，所谓的屎尿也就是成年人觉得脏，对于孩子来说，他没有"脏"的概念，他就是好奇，这是啥，与它接触一下，感觉一下它是什么感觉，仅此而已。如果，经常让他们去玩，估计他们也不会一直保持兴趣，所以，只要适当地满足一下，他的好奇心就过去了，但是如果一直不让他们去探索，他就会一直"念念不忘"！

几年前，畅畅妈妈跟我分享过孩子这样的经历。

畅畅快两岁了，有一次在商场的洗手间他拉完大便后，突然对大便产生了兴趣，非要蹲在旁边看，不让妈妈把大便冲走。妈妈在旁边等了一会儿，可是他发现孩子没有一点想走的意思，她觉得这是公共场所，不冲大便肯定是不行的，会影响别人。于是她就开始劝孩子，跟孩子讲了一番道理，但是孩子还是不愿意。

情急之下，她就想转移孩子的注意力，告诉孩子，爸爸在外面门口叫他，有好吃的东西要给他，让他出去看看。孩子信以为真，离开时，还告诉妈妈，不要冲掉。可是等孩子一走，妈妈就把大便冲掉了。结果孩子回来后，看见大便没有了，大哭起来，不依不饶地要妈妈还给他。

妈妈这才醒悟过来，孩子对大便是认真的，不是可以糊弄过去的。

对于大人来说，大便就是大便，越快处理掉越好，但对于宝宝来说不是这样的，大便是一项了不起的个人成就，是件很值得高兴的事，让宝宝得意的事儿。

如何处理更好呢？首先我们要放下担心，保持冷静的态度，不做过激的反应，先满足宝宝的探索欲望，然后跟宝宝讲清楚卫生习惯，就不会造成与孩子情绪上的对抗。

以下几点可以注意一下：

（1）给宝宝准备一些橡皮泥，告诉他，这个感觉跟大便的感觉是类似的，去满足宝宝的创造性触觉活动。

（2）为防止反复出现到处乱涂，下一次宝宝使用马桶时，家人应密切关注。

（3）当宝宝有兴趣时，至少允许宝宝仔细观察一次，甚至提供工具，让他捣弄一次，并告诉他，以后就必须要马上冲掉。

（4）如果他喜欢，也可以让宝宝自己来冲厕所。

3. 把生活中难以避免的伤害降到最低

我们已经知道，宝宝们在这个阶段进行的"性探索"都是正常的，可是成年人不经意的伤害却时有发生。

以下片断是生活中难以避免的"伤害"，需要引起抚养人的注意。

片断1：10个月时，宝宝拉了大便，我给她换尿片，刚一解开，她就用手抓下面，奶奶说：真丑，真坏。

片断2：朋友带儿子到我家玩，她的儿子正在上厕所，我两岁的女儿跑过去看，朋友说，不要看，女孩看男孩尿尿，好羞羞！

片断3：宝宝在尿盆上坐了10分钟，还是没有拉出来。奶奶看了说，不行，一定要拉出来才能去玩。

片断4：几个大人在楼下带孩子，其中一个1岁多的小女孩，突然憋不住了，尿湿了裤子，她的外婆生气地说，唉呀，怎么不早说，刚才要你拉，你不拉，换了裤子才5分钟，又拉了，回家，不玩了，怎么搞的（语气中满是嫌弃）！

片断5：宝宝喜欢憋尿，还躲到窗帘后面去，实在憋不住了，就拉到裤子里。奶奶把孩子抓出来就打一顿。

片断6：孩子喜欢研究大小便，不准妈妈冲厕所，妈妈把孩子教训了半天。

片断7：宝宝在刚开始不系尿片，需要排便的时候，经常控制不好自己的身体，每当要拉了才说出来。大人会非常紧张地跑过去帮她，这种反应让孩子也觉得紧张兮兮的。

说实话，成年人也不是圣人，不能总是揣摩到孩子的心思，但是在"屎尿"问题上，我们总是容易烦躁、恐惧，这不是孩子有问题，而是成年人如何看待"屎尿"的问题。

对于成年人来说，美好的生活总是远离屎尿的，高雅的谈话总是没有屎尿的。但是对于孩子来说，每天的生活都离不开与屎尿打交道。如果成年人能从每天的屎尿中看到人生的美好，他就是在让孩子感受生活中的不平凡和伟大。这就是在教会孩子，接受最真实的生活，最真实的自己！

4. 每位父母都需要从零岁开始，补上"性教育"这一课

关于孩子的性心理发展，这个在心理学界是早有定论和共识的，只是很多父母不知道，再加上传统教养观念的深入人心，让现代父母们感到很难。他们通常会说，我也没办法，家里老人总有他们的一套观念，想改变他们很难。其实我想说，教育孩子，父母才是第一责任人，我们是否具备科学的"性教育"观念，先从自己做起吧。

心理学鼻祖弗洛伊德的人格发展理论，把人格分为5个阶段：口欲期（0~1岁）、肛门期（1~3岁）、性器期（3~6岁）、潜伏期（6~12岁）、生殖期（12岁以后）。

精神分析代表人物艾瑞克森的人格发展理论认为，每个阶段都有重要的心理任务要完成，在1~3岁，如果发展得好，孩子会获得自信和独立自主，他会觉得自己可以控制自己的身体了，太好了，太棒了，我t真厉害。如果发展不好，孩子会生出羞耻感，会感到羞辱和羞愧，会觉得自己不行，不好，没用。这会极大影响孩子的自信心。

美国的赛安慈博士在《还我本来面目》一书中，也有相同的观点，他认为，在"吃喝"和"拉撒"这两件事情上，如果父母过于严厉，孩子会觉得很受挫，会感到自己是个失败者，自己的身体又脏又坏，孩子将来极易形成忍吞型创伤人格，将来无法表达自己的真实想法。

我也曾接过一些个案，发现有的孩子心理出问题，跟肛欲期时，父母或老人对待孩子过于严厉有关。

如一个4岁的小男孩，经常尿床，爸爸觉得怎么说都不听，好了两天又再来，他觉得就是因为孩子调皮。所以，经常在早上发现孩子尿床后，又打又骂，奶奶也常常对孩子一顿羞辱"真没用"。结果孩子变得越来越胆小，没有自信，做错事不敢承认，怕被批评。

如一个快满3岁的宝贝来托育园入托，父母说在家里明明已经会自己上厕所了，可是来了托育园一个月，孩子的行为又退化了，总是拉到裤子里，老师提醒也没用，还是拉了再说。后来，父母告诉我们，以前宝贝在家里也会这样，打过她几次后，慢慢就好了。可是来到托育园这个宽松的环境后，孩子觉得没有压力了，紧张情绪释放了出来，结果又出现了尿裤子的情况。但是在老师们极大的理解和包容下，两个月后，孩子的这种情况就没有了。

亲爱的爸爸妈妈们，我们都爱孩子，但是很多时候，我们并没有按孩子的成长需求来爱孩子。儿童的性心理发展是很容易被成年人忽视的，因为很可能我们自己从小就没有被正确对待过，没有被父母尊重过。但是，无论如何，我们都希望孩子们一代比一代活得更好，心理更健康，不是吗？那就让我们从自己身上做起，做一个科学性教育的父母吧！

第10章

母亲的觉醒程度，
影响孩子生命的深度

母亲是早期家庭教育中最重要的
"他人"，影响孩子一生。

从一个人的一生来看，孩子的0~3岁像金子一般可贵，像流星一样短暂。孩子需要父母高度专注的陪伴，父母对于孩子来说，就是"神"一般的存在。孩子从父母的身上看到世界，也从父母身上看到自己。

孩子就是要在这3年中与父母完全绑定，让父母失去自由，失去自我，然后获得心灵的安全与富足，父母在生育孩子前，就应该做好心理准备，尤其是妈妈。因为3岁前的孩子无力无助又弱小，他们需要母亲的乳汁，需要母亲毫无条件的爱和关怀。所以，母亲对一个人的影响是最深远的，甚至影响一辈子。

我带孩子6个月了，没有逛过街，没有看过电影，连吃饭睡觉都不能完全属于自己。实在受不了了，我觉得自己变傻了，快憋疯了，太压抑了……以前快乐自由的生活消失得无影无踪，何时是个头啊！

我们会说，不快乐的妈妈，怎么能养出快乐的孩子。可是当妈妈说，是养孩子让我不快乐，都是养孩子的错，这就让人无语了。真正的痛苦到底来自于孩子，还是我们自己的内心？显而易见，宝宝只有6个月，他们没有那么大的本事让妈妈痛苦到情绪崩溃。只有内在的恐惧才会让人愤怒烦躁。

这样的妈妈需要觉醒，否则她的情绪会影响到孩子。

怎样才能觉醒呢？

我想，下个决心，做个自由快乐、成功满足的妈妈，就已经开始觉醒了。

10.1　认知自己要成为一个怎样的母亲

当孩子在肚子里孕育时，我们对自己作为母亲的角色一定充满了想象和期待，特别希望自己能养育一个出众的孩子，成为一个优秀的母亲。当孩子出生以后，我们仿佛从天堂掉落到人间，渐渐发现养育孩子并不是那么容易，每天的吃喝拉撒睡都充满了不确定性。

每位母亲会从什么时候开始思考：我想成为一个怎样的母亲？这个没有统一的时间点，但是有一个答案可以参考，那就是越早越好，而不是等到看不懂孩子，走不进孩子心里去的时候，才去思考。

在一些家庭教育的父母课程中，我看到有人针对不同年龄段的孩子，给父母做这样的定位：

0~1岁，做保姆型父母；1~3岁，做指导型父母；3~6岁，做训练型父母；6~12岁，做教练型父母；12~18岁，做导师型父母；18岁以上，做精神领袖型父母。

在我看来，这个顺序有问题。孩子越小，我们更应该成为"精神带领型"的父母、"觉醒的父母"，因为越在早期给孩子精神上的带领和滋养，孩子的生命状态是从生命底层发生改变的。

在孩子0~3岁这个阶段，我们要成为一个怎样的父母，真的值得我们好好思考。而为什么我要特别提出母亲的身份定位，那是因为母亲在孩子的生命初期太重要了，她不仅是孩子物质意义上的存在，更是生存品质和一生幸福感的源头。母亲们，让我们一起来好好想想，我要成为一个怎样的母亲？

我曾经在小区里，看到一位全职妈妈，带着8个月大的孩子在健身器材旁边玩。

孩子哭了，她就不耐烦地安抚，安抚半天不行，就打屁股，孩子想伸手抓器械，老是抓不到，她又抱不住，于是就大声地呵斥：你好烦，好讨厌，抓不住也叫，抓住了也要叫，于是孩子就哭了起来。

我凑过去跟妈妈聊了几句，她告诉我，自从有了孩子，她就辞职了，全职在家带孩子。没有人帮忙，每天忙得没有自己的时间，吃饭睡觉都顾不上自己。最后临走时，还说了一句："我宁愿连续上10天班，也不愿意在家带1天孩子。"

天哪，母亲说这样的话时，也许孩子听不懂，但是他能感受到母亲的烦躁和抗拒。我感受到的是，这位母亲的生命状态很消沉，她哪里有"想成为一个怎样母亲"的想法，也不可能成为孩子的精神导师。

所以，要想思考好这个问题，母亲本身是需要有能量的，需要不断学习。

记得我在第一次做母亲时，什么都不懂，从没有想过这一问题。但是10年前，当我第二次做母亲时，我已经做了6年的早期教育，经过了3年的心理学沉淀和成长。所以，从怀孕开始，我就在思考，我要成为一个怎样的母亲。

当时，我产生的几个认知是这样的：

（1）孩子6岁以前的早期教育很重要，尤其是3岁以前，更是重中之重，所以在一家人的支持与配合下，我如愿做了5年全职妈妈，陪伴孩子度过了最重要的心智成长阶段。

（2）父母才是带着孩子的第一责任人，尤其是妈妈，哪怕家里有老人家帮忙，带孩子是我的主要任务。

（3）找到自己想做的事，找到养育孩子之外的人生意义，所幸，我找到了心理学。

（4）做一个懂孩子成长规律的、谦卑的、内心强大的成年人。

但是我也想说，做这样的母亲很负责任，会很有成就感，同时也很累很辛苦。

在孩子断奶前，将近两年的时间里，我几乎没好好睡过一晚的觉。两年的时间里，我每天给孩子做运动、抚触、洗澡、喂奶、吃饭、散步，件件事都亲力亲为；当孩子1岁10个月时，我带着孩子和老人一起去外地学习，持续了近一年时间；3岁以后，孩子上幼儿园了，我也基本上是每天亲自接送；孩子的寒暑假都是自己尽心尽力地陪伴。

当然，其实更辛苦的，是一休完产假就要上班的妈妈，白天上班，晚上回家还要哺乳，带孩子睡觉，晚上睡不好，白天又要继续上班。

这么辛苦到底是为了啥？不知道。自从那个小小的生命在我们身体里开始孕育，我们就做了一个生死相交的承诺，只要妈妈在，你就在，妈妈愿意为你付出一切，哪怕奉献出我的生命，也在所不惜。但是，世事纷繁难料，做一个怎样的妈妈，有时候由不得自己自由选择。

下面这个是我五年前的个案。

小A的爸爸妈妈在孩子五年级的时候来找我，为什么呢？因为孩子不做作业，跟父母对着干，手机使用失控，甚至用不上学来威胁父母。父母说在孩子身上付出了很多，一开始也是耐心地教育，跟孩子好好讲，但是没有用，直到现在变本加厉，已经不知道该怎样教育他了。

可是父母不明白，他们描述的只是事情的结果，不是事情的真相。

真相是什么呢？小A出生不久就送回老家给爷爷奶奶带，因为那时父母双双在外打工，没有房子，经济上很紧张，为了给孩子一个好的成长环境，小A被送回了老家。后来在小A 5岁时，妈妈又生了一个弟弟，家里的经济条件也好了许多，当小A上小学时，爸爸妈妈把小A接回了身边。

小A的父母不明白，这才是"恶梦"的开始。小A回来后，他们什么都看不惯，觉得孩子一大堆的问题，生活习惯不好，学习习惯不好，父母怎样说，他都听不进去，更加不想改。直到孩子快11岁了，自我意识越来越强，跟父母的冲突越来越大，父母才意识到这个孩子教育不了了，我们该放弃吗？

我问小A的父母，你们真的想放弃吗？妈妈说，我也不想，但是很无奈啊！小儿子一直是自己带，父母的话他都会听，可是大儿子却说"我们是生活在一个屋檐下的陌生人"。这句话让她好寒心啊！

我说，孩子说得没错啊，在他最需要父母的头6年，你们"抛弃"了他（在孩子看来就是被父母抛弃了），后来回到父母身边，孩子又觉得被爷爷奶奶再次"抛弃"，现在你们想教育他，可是你们的心都不在一起，都互不懂得，凭什么他要接受你们的教育呢？

    人生没有白走的路，每一步都算数，对于父母如此，对于孩子来说也是如此。我们并不是要批评这对父母把孩子送回老家，没有在孩子0~6时，尽到父母的责任。但是违背生命成长规律的经历，会让人生付出代价，这个代价最终会让孩子去承受，可是父母也要承担"当初作出无奈决定"的责任啊！不能只怪孩子不听话！

    我们到底要做一个怎样的妈妈？我们到底要在孩子0~3岁这个阶段，做一个怎样的妈妈？了解清楚了，想明白了，愿意承担后果了，就可以做决定了。

    0~3岁，是孩子跟妈妈建立情感连接最重要的阶段，孩子一定要自己带，过了这个村，就没有这个店了，生命往前走，没有回头路。

    所以，你的决定是什么呢？找到属于自己的答案，不容易，随着孩子年龄的增长，在不同阶段，我们的想法也会发生改变。但是无论有怎样的变化，我们都要常常问自己：

    我生孩子的初心是什么？

    我今天为孩子做的一切，将来会后悔吗？

    我是孩子想要的父母吗？

    当然，还有更高的境界。

    我一直很喜欢纪伯伦的那首散文诗《你的孩子不是你的》，我想当我们什么时候参透了"孩子不是我的"，同时，我又引领这个生命走向了完整，我想，我们才能真正找到作为母亲的意义，以及我想要成为一个怎样的母亲的真正答案。

    这时，觉醒才能真正地发生吧！

10.2 用心陪伴孩子生命的最初3年

你相信吗？越小的孩子对"精神生活"的要求越高，因为在他们的心里，吃东西、睡觉、玩耍都是在纯粹地享受，他们喜欢音乐、涂鸦、跳舞、大自然，每时每刻，他们都活在单纯而快乐的享受里。

成年人的人生已经被物质和现实同化，忙忙碌碌的我们，静不下心来的我们，很难连接到"精神"。当我们不能连接到自己的"精神"时，我们也很难连接到孩子的"精神"。

18年的养娃历程，记录了十几万字的育儿故事，我慢慢领悟到，对孩子生命的陪伴，不仅仅来自于物质，更多的是精神上的陪伴和滋养。当我的生命状态是轻松而温暖的，我就能给孩子滋养，当孩子是轻松快乐的，他也在给我精神上的陪伴。

在孩子上幼儿园之前，我和孩子每天的生活节奏几乎都是这样的。

早上，打开世界名曲《康沃尔的早晨》，然后我才轻轻地抚摸宝贝的身体，叫他起床，等他差不多完全醒来，我再去把窗帘打开，让阳光照进来，然后抱起宝贝轻柔地说："宝贝，美好的一天开始了，有的吃有的玩，好幸福啊！感谢太阳，感谢阳光，感谢天空，感谢风，感谢雨……感谢小宝来到我们家，妈妈爱宝贝，宝贝爱妈妈，让我们一起开始快乐的一天吧！"这就是我们一天的精神基调。

换好衣服后，我会让宝贝自己玩一会儿，通常这段时间他是最安静和愉悦的，因为早上一起床，他就可以开始玩耍了，这是他一天中最享受的时候。

然后，我们就开始了一天充满挑战和自由的活动，如吃饭、散步、攀爬、观察、操作、玩沙、玩水、抚触……正如一位著名哲学家所说："精神总是要求实现生命的目的，在心灵中，这个目的作为一种召唤被体验，作为一个生活计划被酝酿，或作为一种生活之路被期待。"

给孩子喂奶时，我通常会放"冥想音乐"；给孩子抚触时，我会放有节奏感的音乐；孩子太小，我会抱着孩子跳舞，当孩子会走路以后，我每天都会跟孩子一起跳舞。

晚上睡觉前，打开绘本，给孩子讲《可爱的鼠小弟》，鼠小弟的小背心好神奇，鼠小妹的礼物有魔法，孩子听着听着，带着满足的爱和温馨，平静地睡去。

一天的生活就结束了。

对于有的父母来说，可能觉得这样的日子是一种奢侈。其实，我想说，这是一种状态，这是一种生命的感悟，儿童是天生的"精神贵族"，如果我们能让自己回归3年的"慢生活"，哪怕一周里有一天这样的生活，那何尝不是一种"人生的疗愈"。关键是，我们是否想成为一个"精神富足"的父母。

无论如何，千万不要把孩子交给手机和电视。如果实在没办法，那我们也要在有限的时间里，尽量陪伴孩子，满足孩子在精神上的探索。如果自己还是做不到，那还是把孩子尽早送专业的托育园吧。

10.3　母乳路上的心灵成长

哺乳对于某些母亲来说，既是一种幸福，也是难以名状的痛。在哺乳中去觉察、学习和成长，也是一种很好的方式。

首先，在成为准妈妈的时候，妈妈们就要提前开始学习了，多了解一些关于母乳喂养的知识，既是为孩子好，也是为自己好。

如果能顺利进行哺乳，我想每个妈妈从中得到的力量和自信，也是一份人生的重要礼物。

下面这位妈妈对哺乳的坚定信念也很值得我们学习。

小女儿快两岁了，近来很多亲人朋友一听说我还在喂母乳，就会马上说奶水已经没有营养了，该断奶了！以前生老大时，我是稀里糊涂地信以为真，但是现在我会从容淡定一笑，或嗯嗯嗯点着头，对他们传递的关心表示认同，但对于自家娃啥时断奶，我有我自己的坚定。

从对母乳喂养的无知到坚定地相信自己和孩子，是因为我经过了学习，我第一次听说国际母乳协会提倡2~6周岁自然离乳说时，我还是挺诧异的，但是后来我给自己暗暗下了一个决心，争取生老二时，自然哺乳到两岁。

其实这个过程并不是那么一帆风顺，依然经历了睡眠不足、乳腺堵塞、奶瓶不喝等痛苦，再加上好几次外出学习，好几次想中止哺乳，但是一转念想到对孩子的安全感和身体好，又坚持了下来。

在这两年的坚持里，我不断强大自己的内心力量，越来越清晰界限的存在，明白自己的事与别人的关心是两码事！让自己的内心越来越有力量！

在哺乳期间，妈妈对自己身体的觉察，也是一份很有意义的成长。

下面是一位做瑜伽教练的妈妈的分享。

我是一个瑜伽教练，可能平时我就喜欢对身体做觉察，在给孩子喂奶后，我也喜欢觉察自己的身体，我发现了身体和心灵之间的奇妙反应。当我有激烈情绪后，第二天，就很容易堵奶，当我放下抱怨时，身体就会放松下来。这样的情况，在长达一年的母乳喂养中时常发生。我觉得我的身体就好像天气预报员，随时提醒我。

可能是高龄产妇的原因吧，在坐完月子的头几个月里，我的身体恢复得很不好，身体接二连三地出现问题，全身莫名地疼痛、骚痒，说不出什么原因，总觉得疲倦，哪儿都不舒服。为了母乳喂养，又不能乱吃药，我只好每天都跟自己的身体做做冥想连接。在这个过程中，我发现情绪跟我的身体有很大的关系，如果我能保持一个好的情绪状态，我的身体状态就会好转很多，同时，我的母乳喂养也会顺畅好多。

有两件事情让我感到身体的神奇力量。

小宝3个月时，我带孩子回乡下娘家住，可能是因为精神放松了，心情舒畅了，回家的第二天我就能全母乳喂养了，之前我总觉得自己的母乳不够，一直是混合喂养。

另一件事是，有一次我跟爱人生气，当时我好像觉得自己并不是太生气，只是有些不愉快而已，可是第二天早上起来，就发现自己右边的乳房堵奶了。看来身体是欺骗不了大脑的。

母乳是由人的气血生化而来，这也符合中医讲的身心一体的理念。当我们生气胸口发闷的时候，就能感觉到身体里的气是不通的，身体就会发生暂时的淤堵。这个时候去给孩子哺乳是不好的，曾经有个科学实验证实，把一个妈妈极度愤怒后产生的母乳拿去喂小白鼠，结果把小白鼠给毒死了。

好好地做一个"哺乳妈妈"真的不容易啊！

堵奶，无论是从身体上还是情绪上，都是妈妈们不愿意看到的，但是当乳房真的被"堵"住时，我们一定要看见"她"，一定要跟"她"连接，不能忽视她，也不能把她当"炸弹"或当"麻烦"一样地嫌弃。我们只有更加爱护她、保护她、滋养她，她才能快速恢复原样，跟我们一起好好爱自己。

每次堵奶时，我都会跟身体做连接，对自己身体说：我的乳房，对不起，我没有管理好自己的情绪，让你堵奶了，请原谅我还处在成长的阶段，原谅我还不能完全做到转化自己的情绪，谢谢你用这样的方式来提醒我，告诉我要关注自己的情绪，看到自己的情绪，接纳不完美的自己。此时，你是孩子生存的宝藏，我希望你慢慢输通，慢慢放松下来。我们一起努力，好吗？然后，我就把注意力放在乳房上，放松每一寸肌肤，放松每一条血管，放松每一条神经，放松每一个细胞。当我温柔地跟乳房做对话以后，乳房就开始慢慢放松下来了。

真的，相信我，身体知道答案，只要我们愿意信任她，愿意把自己全然地交托给她，身体就会发生变化，支持我们的信念。

亲爱的年轻的妈妈们，一定要母乳喂养，一定要持续较长时间的母乳喂养，这不仅仅是因为对孩子身体和安全感有好处，这更是对母亲心理及心灵的深度连接和疗愈有帮助。

孩子就是来修炼父母的，孩子就是来让我们体验不一样的人生的，所以，身为女人，我们比男人多了这么多机会，真的要感恩老天的恩赐呢！

10.4　成功养育孩子的方向——一切为了分离

英国儿科专家古蒂·辛格博士带领的团队在研究中发现，宝宝从8个月开始，他的后脑内与记忆相关的区域（前额皮层）迅速成长，这改变了宝宝看待世界的方式：看不到的东西也是可以存在的！由此宝宝就产生了"分离焦虑"，看不见妈妈，她去哪儿了呢？孩子的分离焦虑会让父母疲惫不堪，但这种情绪和对分离的理解，却是宝宝走向独立的关键。

所以，0~3岁这个阶段，对于父母来说有一个重要的教育功课，就是"教"会孩子与主要抚养人分离。可能在这一点上父母们想不明白，孩子出生后，刚刚来到我们身边，这么快就要让孩子"学会"分离，这也太早了，太残忍了吧！其实一点都不早，宝贝大概从3个月以后，就一直在探索分离与亲密的关系，只是父母看不懂或接受不了而已。

当宝贝爱吃手或迷恋一些替代物时，他就已经不像上一个阶段那样完全需要母亲了。如果母亲能忍受孩子不再完全需要自己，也不会再像头3个月那样给孩子过多的照顾和关注，孩子就开始建立起了分离和独立的自我意识。

当孩子学会了走路，他开始更多地交替尝试亲密与分离。一会儿跑到你身边让你抱，一会儿又跑到旁边自己玩。可能我们会觉得孩子很可爱，也可能我们会产生一些疑惑，孩子这是在干嘛？如果我们能完全满足孩子的这种"随心所欲"，孩子就会有满满的安全感，既不会那么黏人，也不会排斥别人抱他。

当孩子开始尝试更多的分离和亲近，也开始有自己的"脾气"时，你也会很容易产生更多的脾气，因为他既想自己尝试，做不到时又希望得到你的帮助，可是你帮多了，又干涉和妨碍了他的自主权。

总之，从3个月到3岁，孩子一直在做"分离和自主"的心理功课，他们坚定不移地走向"分离"，可是没有安全感的父母却也在坚定不移地"拒绝分离"，因为有的父母自己都没有长大，他们会害怕分离。

除宝贝的内在成长需求以外，他还要在现实生活中不断体验和面对各种大大小小的分离，这也是他要成长的另一个"分离"功课，包括：暂时看不见母亲；母亲消失了两小时去买菜了；母亲消失了一个白天去上班了；母亲消失了3天去出差了；宝宝跟随家人去了另一个地方，有一段时间见不到母亲……直到有一天宝宝要上托育园、幼儿园了，一整天都见不到家人和父母。可以说，每一次小小的分离，都在让宝贝体会痛苦和惊喜，体验独立和成长。直到有一天，他必须要靠自己去面对这个"恐怖"的陌生世界，他的心理就得到了一次巨大的突破和飞跃。

所以，0~3岁的养育任务中，有一个很重要的教养目的就是，让宝贝顺利入托入园，顺顺利利地完成心理上的分离。我常常问父母们，您认为孩子上幼儿园是一个结果，还是一个开始？我认为从某个角度来看，孩子上幼儿园是一个结果，而不是开始。那这是一个怎样的结果呢？就是验证孩子的安全感是否足够，适应力是否足够，分离焦虑是否适度的结果。我们会看到有的孩子上幼儿园哭两天，有的哭两周，有的哭两个月，甚至还有哭一两个学期的，这就是一个结果。

为什么会这样呢？显而易见，孩子出生在不同的家庭，由不同的抚养人养育，每个抚养人对孩子进行了不同的"教育"。当然，还有一些其他原因，如天生的大脑基因导致孩子先天的安全感不足、出生时的创伤及感统失调，等等。

那要怎样才能成功地让孩子完成心理意义上的分离呢？此书前面的章节，都在教父母们学习和成长，如果我们真的从8个维度做到科学地爱孩子，那想要得到一个身心健康的孩子，是一件易如反掌的事。

总结这8个维度，都是在指向把孩子培养成一个"幸福成功、快乐满足"的人。

感觉维度：尊重孩子用感觉来学习，让他具有一个无限想象力和创造力的开放大脑。

自我维度：让孩子能真实地表达自己的想法，内在充满了勇气和力量。

专注力维度：唤醒孩子的专注力，就是在唤醒大脑的无限潜能。

安全感维度：给孩子打下扎实的安全感基础，孩子就会适应各种复杂环境。

身体维度：通过发展身体，让孩子产生无所不能的感觉。

情绪维度：情绪稳定的孩子，会成为一个受大家欢迎的人。

交往维度：会友善面对这个世界的人，就会具备思考和解决问题的能力。

性意识维度：尊重孩子的性心理发展，孩子可以成为一个更加自信的人。

在这本书的最后，我想跟大家分享我家小宝，上幼儿园前两周到第一天的分离故事。经历了8个维度的学习、实践和成长，我终于在孩子两岁10个月时，把她成功送入幼儿园，孩子没有哭闹过，没有焦虑过，反而是我自己有一点小小的失落。

假如您真的相信"三岁看大"的话，您就要相信，孩子上幼儿园时的"样子"就是她将来踏入社会所呈现出来的样子，这个"样子"是指生命的状态和社会适应能力。

后记

一切的准备都是为了这一天——上幼儿园

秋季开学，小宝就要上幼儿园了。在这之前，我已经带她充分参观并体验过幼儿园的生活，在这之前，我已经完完全全陪伴了她1320天（从怀孕开始算）。所以，我非常笃定地相信，她会开开心心上幼儿园。

提前两周，我们就开始准备了！

首先，我列出了清单：

（1）买牙刷、牙杯、毛巾。

（2）去医院体检。

（3）绣名字，还要绣上小宝最爱的绘本人物"小桃子"。

（4）洗被子、席子、枕套。

（5）读关于分离的绘本。

（6）准备家庭相片……

然后，我们就一起来准备：去超市买她自己挑选的牙刷、牙杯、雨鞋、雨衣、毛巾。

从幼儿园拿回被子、席子后，我让小宝看着我洗这些东西，然后把所有床上用品和衣服都绣上她的名字。老师说，可以去买名字贴，但是我决定自己绣，我还很用心地在每样物品上，绣上了她看过的第一个绘本《小桃子》，这是她最喜欢的一个卡通形象。我希望她在幼儿园看到物品时，就会感受到妈妈的爱，也是为了让她立马能找到属于自己的东西，管理好自己的物品。杯子和牙刷绣不上去，怎么办呢？我买了油性笔画上去，这样就不会被水洗掉了。小宝每天看着我做这些事情的时候，非常安静和专注，我能感觉到她内在的喜悦和期待。

到了晚上，我们会讲睡前故事，偶尔聊一聊幼儿园，小宝一直都是期待的样子。

提前一周，我们一起去拿了体检资料，还一起去防保所拿打预防针的证明，然后去医院体检，再去照相，取相片。就这样，一天一天地忙下来，小宝心里渐渐明白，自己很快就要上幼儿园了。

有一天晚上睡觉前，我又跟小宝聊天，我问，如果你做错事，你觉得妈妈还爱你吗？小宝说"爱"；我又问，如果你上幼儿园，见不到妈妈，你觉得妈妈还爱你吗？小宝说"爱"。听到小宝这样说，我激动地把她搂在怀里亲了又亲。她真的是完全明白了！

通过这两周的忙碌，我感觉到小宝有很大的变化，无论是身体上、自理能力上、语言能力上，还是心智的成熟度上，她都完全准备好了。只是在人际交往上，她显得有些霸道，如当有陌生的小朋友靠近她，想要拿她的玩具时，她就会先打别人，抓别人的衣服，嘴上也不饶人，还说，我要把你杀到海里去，喂大白鲨。当然，对于这些我并不担心，她只是需要到小朋友的世界里去学习。

终于还有3天，就要上幼儿园了。我开始给她讲绘本故事《魔法亲亲》，这是一本专门讲小熊要去上幼儿园的故事，小宝非常喜欢，每天中午、晚上，都要我讲给她听。而且我们是边讲边表演，她演小熊，我演熊妈妈，绘本里有很多肢体动作，我们还一起创作更多的动作，开心极了。绘本中讲到小熊最后能开开心心地上幼儿园，小宝就跟我说，我上幼儿园也不哭。我说，是的，那当然，妹妹已经完全做好准备了。

好了，终于到了最后一个晚上，明天就要上幼儿园了。我们一起收拾好所有的东西：书包、衣服、床上用品、相片。收拾"全家福"相片时，妹妹说，不用了，我不会想你的。我说，就放在书包里吧，没关系的，如果想妈妈了，你就看一看，如果不想，就让它在这里睡觉吧。然后，我又好奇地问，你为什么不会想妈妈呢？她说，我要忙着玩游戏呢！

嗯，今晚可以睡个好觉了！

早上7点半，我唱着歌"亲爱的，你慢慢飞，飞到丛林去看小溪水；亲爱的，要起床了，我们今天要上幼儿园……"准时叫她起床。小宝迅速爬了起来，很兴奋地说，我要上幼儿园啦！我们抱在一起亲了亲，就赶紧吃早餐，拿好被子、书包，高高兴兴地出门了。

到了幼儿园，我把东西交待给老师，抱了抱又亲了亲，她说，我吃完下午茶，你就来接我啦，我说，是的，妈妈会早早地来接你。然后她就跟我拜拜，跟老师进了教室。

就这样，一切都在我的意料之中，小宝完成了她生命中的第一次重大成长。走在回家的路上，反而是我自己有些小失落，这一天，我盼了3年，现在终于盼到了，唉，好像没有想象中的那些情景，有点过于轻松了吧。不管他了，小宝终于上幼儿园了，她的心儿开始飞翔，我的心儿也有了新的方向。

自由轻松的时间，总是过得飞快！转眼就到了下午3点，我赶紧出发去接小宝了，因为我想在4点钟，准时出现在幼儿园教室门口，让她看到我是第一个来接孩子的妈妈。

来到幼儿园，我轻轻走上二楼，从门外看到老师正和孩子们手拉手，唱再见歌。妹妹背着书包坐在地上，没有参与，只是看着老师和小朋友边唱边跳，但是她一直在认真看，头转来转去地看。最后结束时，她看到我了，高高兴兴地向我跑过来。我紧紧地抱着她，开心地转了一圈，然后就准备下楼，这时，她说，我要跟俊可可说拜拜，我说好，我们去找他，后来我们在后花园找到了阿俊老师。

然后，我们就坐在操场，等昆昆舅舅来接我们，因为路程遥远，正好昆昆跟我们住同一个小区，我们可以搭便车回家。但是，因为是第一次，我也不知道昆昆舅舅会几点来。结果等了将近40分钟，小宝早就不耐烦了，因为第一天嘛，她想早点离开，这也是我提前没想到的，但是已经跟别人约好了，只能耐心等待了。

在等的时候，我对小宝说，等会儿叔叔到了以后，我们告诉他，让他明天早一点来接我们，好不好？本来我只是顺口说说而已，没想到，小宝很认真地说，你不要说，我来说，我惊讶于她的回答，同时很好奇，她会怎么说呢。我说，好吧，你来说。

大概两分钟后，叔叔来了，他直接向正在沙池中玩的昆昆走过去。我就对小宝说，你看，昆昆舅舅来了。小宝一下子从我身边跑到那边去，第一句话就说"我叫……"我赶紧跑过去，因为那个叔叔没见过我们，他一下子有点懵，我赶紧说，她说她叫……我是她的妈妈，我们昨天联系过。叔叔笑了笑，我说，你先跟叔叔打个招呼吧，小宝就叫"叔叔好"。然后她还想继续往下说，我就阻止了她，我说，待会儿吧，现在我们刚见面，我们到车上去说，好不好。小宝点了点头。

然后，我们就准备背书包走出幼儿园，这时小宝站在门口说，我要跟所有的老师说拜拜。只见她大喊着，同时挥舞着双手说："所有人，拜拜！"今天，我对小宝的每一个行为，都惊得足以掉下巴。

坐上车半个小时，妹妹都没说话，我以为她已经忘了，我也没有说，第一次见面，就抱怨别人来晚了，这可不礼貌。可是到了小区，我们准备下车时，小宝突然对叔叔说，你明天要早点来接我们。叔叔说，我还要上班呢！这时，我赶紧插了一句，是的，昆昆舅舅还要上班呢，如果可以，他会尽量早一点来接我们的，是吗？叔叔说，是的。然后我赶紧说谢谢，带着小宝下了车。

自从走出幼儿园，小宝就一直处在兴奋中，好像一只放飞的鸽子。一路都在笑、在跑、在跳。我问她幼儿园好不好，她说好。我问，明天还要不要上，她说，当然要上啦！

上幼儿园的第 天，就这样顺理成章地，超乎意料地，轻轻松松地结束了。这是一个结果，也是一次检验，我和小宝都合格了！我们将轻松启程前往下一个阶段，在那里有更多的生命故事来考验和丰富我们的人生！

易世萍

2023年1月15日

于中山

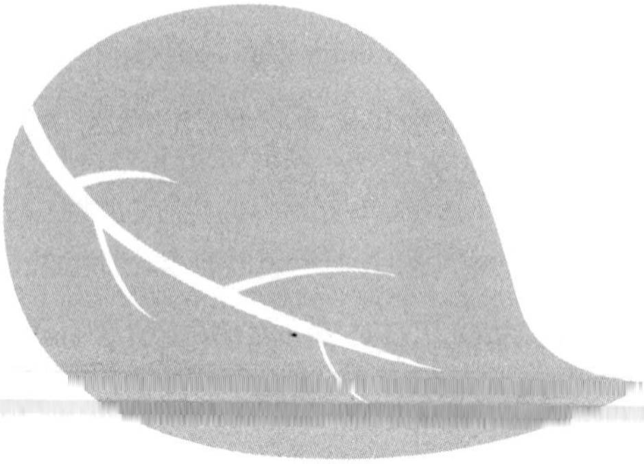